소원을 이루는 감사기도 백팔배

소원을 이루는 감사기도 백팔배

구봉

**소원을 이루는
감사기도 백팔배**

2024년 8월 5일 1판 1쇄 인쇄
2024년 8월 7일 1판 1쇄 발행

저자 | 성범性梵
펴낸곳 | 도서출판 **구봉**
인쇄·신도인쇄사 | 제본·보경문화사
출판등록 | 제2011-14호
주소 | 대전시 중구 문화로 157번길54
전화 | 042_543_3722 H.P : 010-9482-3721
E-mail:bumsuk83@hanmail.net

ISBN 978-89-966356-9-7

※가격:15,000원

· 「소원을 이루는 감사기도 백팔배」는 저작권의 보호를 받고있습니다.

 머리말

 유달리 추웠던 겨울이 지나가고 따뜻한 봄이 오는 길목에서 우리 인생의 봄도 함께 찾아오고 있다. 이 상쾌한 기운을 타고 필자 또한 부족하나마 힘을 보태기 위해 "소원을 이루는 감사기도 백팔배"를 지어 보았다.

 이 책을 읽는 동안 우리의 마음속에 자리 잡고 있던 '나는 할 수 없다.'는 부정적인 생각이 사라지고 '나는 할 수 있다.'라는 자신감이 생겨 자기가 원하는 바를 성취할 힘을 갖게 될 것으로 믿는다.

"아는 것만큼 보인다."는 말이 있다. 예를 들어 이제 막 탐석을 시작한 초보자들은 강가에 가서 좋아 보이는 돌을 찾아 자세히 살펴본다. 그리고 미세한 흠집을 발견하면 내던져 버린다. 이는 큰 장점을 무시하고 작은 단점에 집착한 것이다. 하지만 나중에 그 돌이 명품이었다는 것을 알고 무척이나 아쉬워한다.

이런 일을 되풀이 하면서도 명품을 찾는 탐석은 계속된다. 처음에는 잡석만 가져오지만 경험이 누적되다 보면 점차 안목이 높아져서 좋은 돌 즉 명품을 골라낼 때가 오게 되는 것이다. 우리의 인생도 이런 것이 아닐까?

기도도 마찬가지로 처음부터 잘하기는 어렵다. 하지만 포기하지 않고 계속 실천하다보면 어느 날 그 이치를 깨우치고 마침내 소원을 성취할 날이 오게 될 것이다.

기도하려는 사람은 누구나 원하는 것이 있을 것이다. 그런데 소원을 이루려면 먼저 '틀림없이 성취된다.' 는 확고

한 믿음을 지녀야 된다. 경에서도 "믿음은 모든 공덕의 어머니"라고 하였다. 이는 믿으면 반드시 이루어진다는 말씀이다.

  부처님이 우리의 소원을 들어줄 것임을 확실히 믿는다면 이미 이루어진 것이나 다름이 없다. 그래서 먼저 감사기도를 올리는 것이다. 그러면 감사하는 마음이 감사할 일을 불러들이게 된다. 이것이 기도 성취의 비밀이다. 비밀은 이렇게 가까운 곳에 있다. 여기에서 "믿음과 감사" 이 두 가지 마음이 기도 성취의 비결임을 알아보았다.

  이를 "일체유심조一切唯心造(모든 것은 마음이 짓는다.)"는 이치에 비추어보자. 건강하다고 믿으면 건강해지고, 풍요롭다고 믿으면 부유해지며, 믿지 못하고 불안해하면 불안한 일이 생겨난다. 이는 마음에서 이루어진 것은 반드시 현실로 나타난다는 말이다.

  마음이 집중하는 곳에는 에너지가 모이고, 에너지가 모이면 형태가 생겨난다. 그래서 믿음이 중요하다. 믿음은 마음을 한 곳에 집중시키기 때문이다. "모든 것은 마음이 짓는다."는 말씀은 부처님 가르침 중에서 핵심이다. 그래서 이 이치에 의지해서 설명을 해 나가도록 하겠다.

우리가 기도하는 대상인 부처님은 마음밖에 따로 있는 존재가 아니다. 바로 '참나 즉 우리 마음의 본체'이다. 그래서 기도는 내 안에 있는 무한한 힘을 이끌어 내는 것이다. 그리고 세상에 있는 모든 것은 다 마음이 지어낸 것이므로 소원성취는 자기 마음에 달려있다.

우리는 '이루어진다.'는 믿음이 확고해지는 순간 모든 근심 걱정이 사라지고 감사하는 마음만 존재할 것이다 하지만 믿음이 부족하면 기도하는 과정에서 '설마 될까? 난 안 돼.'라는 의심이 생겨나게 된다.

의심과 걱정 등 부정적인 생각은 우리가 예전부터 해오던 습관이다. 그리고 살아가면서 우리를 성공하지 못하게 하고, 또 소원성취도 못하게 하는 가장 큰 원인이다. 그러므로 성공하기 위해서는 무엇보다 먼저 이 부정적인 생각을 내려놓아야 한다. 그렇게만 할 수 있다면 어찌 소원성취 하는 일이 멀겠는가? 그리고 어렵겠는가?

다행히 우리 마음의 본체인 깨어있는 알아차림은 행복, 사랑, 긍정, 기쁨 그 자체이다. 그리고 모든 부정적인 생각들은 잘못된 습관에 불과하기 때문에 알아차리면 저절로 사라지게 되어 있다. 그러면 그 빈자리를 믿음과 행복이 자연스럽게 채워줄 것이다.

우리는 행복할수록 또 긍정적일수록 망상이 사라지고 깨달음에 가까이 감을 알아야 한다. 왜냐하면 지극한 행복과 깨달음은 망상이 없는 상태이기 때문이다. 이 이치는 활산 성수 큰스님이 법문 중에 "내가 나를 만나면 너무나 좋기 때문에 극락이라 한다."라고 하신 말씀과 뜻이 같다. 여기에서 우리는 참 나를 만나는 것이 행복이요. 행복이 바로 우리 자신의 본성임을 알아보았다.

부처님은 중생 구제하는 일을 멈추지 않으신다. 왜냐하면 부처와 중생이 둘이 아니기 때문이다. 이 이치에 따라 모든 부처님들이 성불하시기 전 중생구제를 제 일의 원으로 세우고 보살도를 닦으셨던 것이다.

여기에는 중생구제를 통해 너와 내가 하나인 진리를 체득하고 탐욕과 분노와 어리석음 등 모든 번뇌를 내려놓으셨다는 의미가 내재하고 있다. 그리고 성불한 후에도 본성에 갖추어진 자비심으로 인하여 중생구제를 멈추지 않으신다.

중생구제는 진리의 작용이다. 그래서 부처님은 우리의 소원을 반드시 들어 주신다. 이제 우리가 할 일은 오직 "부처님 감사합니다."라고 기도할 뿐 의심하거나 불안해 할 필요가 없다.

믿음은 감사하는 마음과 다르지 않다. 왜냐하면 믿으면 반드시 이루어지기 때문이다. 그런데 어찌 감사하지 않을 수 있겠는가?

그리고 이 책의 핵심은 "소원을 이루는 감사기도 백팔배"이다. 이는 절을 하면서 기도하는 형식을 띄고 있지만 꼭 정식으로 절하지 않아도 된다. 몸이 불편하신 분은 서거나 앉아서 합장 반배만 하면 되고 또 사경을 하거나, 독송을 하면서 명상하셔도 무방하다.

감사기도는 운동을 하기 위한 것도 아니다. 운동과 건강은 기도하는 과정에서 마음이 편안해지면 저절로 따라오기 때문이다. 그리고 반복해서 기도하는 것은 마치 소원이라는 씨앗을 마음 밭에 심어 정성껏 가꾸는 농사와 같다. 그래서 머지않아 우리는 마음 밭에서 소원성취라는 열매를 풍성하게 수확할 수 있을 것이다.

그리고 소원을 이루는 것과 마음을 다스리는 것은 일치하는 부분이 많다. 왜냐하면 소원을 성취하려면 의심과 걱정 등 부정적인 생각이 없어져야 하는데 이는 마음을 다스리는 수행도 마찬가지이기 때문이다.

필자는 먼저 본인의 소원을 이루기 위해서 이 책을 지었음을 밝혀둔다. 그리고 자신이 원하는 삶을 살지 못하는 사람들이 이 책을 읽고 삶의 전환점을 맞이한다면 참 좋겠다는 기대감도 가지고 있다. 또 가난과 질병 그리고 정신적인 이유로 힘들어 하는 사람들에게 이 책이 조금이라도 위로가 되었으면 좋겠다.' 라는 심정으로 펜을 들어본 것이다.

목 차

· 머리말 5

· 소원을 이루는 감사기도 백팔배 19

· 기도의 법칙 47

  1. 우주창조의 원리 47

  2. 꿈꾸는 중생 55

  3. 참 나는 알아차림이다 58

  4. 지혜는 판단하지 않는다 61

  5. 고행을 버리고 중도의 길로 65

  6. 바꿀 수 있는 것과 없는 것 70

  7. 기도는 느낌이다 73

  8. 소원을 성취하는 법 76

9. 관찰자 즉 알아차림 79

10. 잠재의식의 힘 83

11. 변화와 꿈 90

12. 돈에 대하여 93

13. 웃음과 미소 99

14. 행복한 사람은 망상이 없다. 107

· 사성제 : 네 가지 성스러운 진리 112

  1. 고 : 괴로움 113

   ① 생로병사:생로병사의 네 가지 괴로움 114

   ② 애별리고:사랑하는 사람과 헤어지는 괴로움 118

   ③ 원증회고:원수와 만나는 괴로움 125

   ④ 구부득고:구하는 것을 얻지 못하는 괴로움 131

   ⑤ 오음성고:몸과 마음의 작용이 치성하게 일어나는 괴로움 134

     ⓐ 색:몸 135

ⓑ 수:느낌 139
　ⓒ 상:상상 145
　ⓓ 행:의지 149
　ⓔ 식: 분별 151

2. 집: 번뇌의 쌓임, 집착 155

3. 멸: 번뇌의 소멸, 영원한 행복, 열반 159

4. 도: 팔정도(여덟 가지 바른 길) 164

① 정견:바른 견해 165

② 정사유:바른 생각 168

③ 정어:바른 말 173

④ 정업:바른 행동 180

⑤ 정명:바른 생활 185

⑥ 정정진:바른 노력 189

⑦ 정념:바른 집중 192

⑧ 정정:바른 선정 200

소원을 이루는 감사기도 백팔배

깨어있는 알아차림은 번뇌에 물들지 않는 순수한 마음이며 부처님의 가피력입니다. 그리고 생각은 나와 세상의 모습을 지어내는 틀이 되어 모든 것을 창조하고 있습니다.

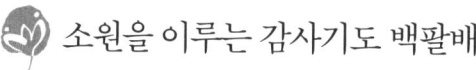 소원을 이루는 감사기도 백팔배

부처님께선 "마음은 뛰어난 화가와 같아서 세상의 온갖 것들을 다 그려낸다."라고 말씀하셨습니다. 이 뜻을 받들어 저희들도 그림을 그려 소원을 성취하고자 합니다.

한 마음이 될 때 원하는 것을 그려낼 수 있지만 생각이 여러 갈래로 갈리면 그림이 복잡해집니다. 이제 모든 부정적인 생각을 깨어있는 알아차림으로 흘려보내고 오직 원하는 한 생각만 간직하겠습니다.

깨어있는 알아차림은 번뇌에 물들지 않는 순수한 마음이며 부처님의 가피력입니다. 그리고 생각은 나와 세상의 모습을 지어내는 틀이 되어 모든 것을 창조하고 있습니다.

저희들은 소원을 이루는 그날까지 '반드시 이루어진다.'는 확고한 믿음과 집착 없는 사랑으로 살아가기를 서원하면서 자비로우신 부처님 전에 지극정성 감사기도 백팔배를 올립니다.

1 우주의 실상이며 참 나이신 부처님께 감사하며 절합니다

2 바른 길로 인도해 주시는 가르침에 감사하며 절합니다

3 가르침을 지켜 널리 펴시는 스승님께 감사하며 절합니다

4 낳으시고 길러주신 부모님의 은혜에 감사하며 절합니다

5 내 곁에 있는 모든 사람들에게 감사하며 절합니다

6 나는 누구인가를 묻는 나에게 감사하며 절합니다

7 나는 무엇을 원하는가를 묻는 나에게 감사하며 절합니다

8 나는 왜 원을 세웠는가를 묻는 나에게 감사하며 절합니다

9 나는 지금 어디로 가고 있는가를 물음에 감사하며 절합니다

10 내가 가진 모든 것들에게 감사하며 절합니다

11 보이지 않는 것이 큰 이치를 앎에 감사하며 절합니다

12 보이지 않는 곳에서 변화가 일어남을 앎에 감사하며 절합니다

13 미래는 만날 수 없는 시간임을 앎에 감사하며 절합니다

14 행복과 원 성취를 미루지 않는 나에게 감사하며 절합니다

15 내가 만나는 시간은 현재 뿐임을 앎에 감사하며 절합니다

16 지금 이 자리가 행복임을 아는 나에게 감사하며 절합니다

17 나에게 부처지혜와 무한한 능력이 있음에 감사하며 절합니다

18 나의 원은 이미 이루어져 있음을 믿음에 감사하며 절합니다

19 믿는 데로 이루어지는 이치에 감사하며 절합니다

20 마음에 그려진 것이 현실이 됨을 앎에 감사하며 절합니다

21 감사하면 감사할 일이 생겨나는 이치에 감사하며 절합니다

22 이루어진 상태의 기쁨을 느끼는 나에게 감사하며 절합니다

23 기뻐하면 기뻐할 일이 생겨나는 이치에 감사하며 절합니다

24 나를 믿을 때 남도 나를 믿는 이치에 감사하며 절합니다

25 하고 안하고를 스스로 결정하는 나에게 감사하며 절합니다

26 모든 일의 결과는 내가 지은 것임을 앎에 감사하며 절합니다

27 말이 현실이 되는 이치를 앎에 감사하며 절합니다

28 나는 정말 운이 좋아라고 말하는 나에게 감사하며 절합니다

29 나는 참 행복해라고 말하는 나에게 감사하며 절합니다

30 나는 할 수 있어라고 말하는 나에게 감사하며 절합니다

31 미운 사람의 행복도 기원해 주는 나에게 감사하며 절합니다

32 남을 비방하면 비방이 되돌아옴을 앎에 감사하며 절합니다

33 미소 짓는 얼굴이 참다운 공양인 이치에 감사하며 절합니다

34 부드러운 말 한마디 미묘한 향인 이치에 감사하며 절합니다

35 남을 가르치려 들지 않는 나에게 감사하며 절합니다

36 행운은 준비된 사람에게 오는 이치에 감사하며 절합니다

37 행운은 사람과 함께 오는 이치에 감사하며 절합니다

38 상상이 현실을 창조하는 이치에 감사하며 절합니다

39 건강한 나를 상상하면 건강해지는 이치에 감사하며 절합니다

40 넉넉한 마음이 부자가 되게 하는 이치에 감사하며 절합니다

41 가난한 나를 상상하면 가난해짐을 앎에 감사하며 절합니다

42 생각을 믿을 때 생각이 현실이 됨을 앎에 감사하며 절합니다

43 부정적인 생각을 믿지 않는 나에게 감사하며 절합니다

44 단지 알아차릴 뿐 판단하지 않는 나에게 감사하며 절합니다

45 판단하지 않으면 생각이 사라짐을 앎에 감사하며 절합니다

46 판단하면 자기 생각에 속박됨을 앎에 감사하며 절합니다

47 밉고 고운 사람은 내가 불러드림을 앎에 감사하며 절합니다

48 집착이 사라질 때 사랑이 시작됨을 앎에 감사하며 절합니다

49 있는 그대로를 받아드림이 사랑인 이치에 감사하며 절합니다

50 사랑할 뿐 남을 바꾸려 들지 않는 나에게 감사하며 절합니다

51 사랑할 때 지극히 행복해 짐을 앎에 감사하며 절합니다

52 사랑을 받으려고 하면 속박됨을 앎에 감사하며 절합니다

53 행복할 때 진리의 문이 열리는 이치에 감사하며 절합니다

54 즐겁게 살면 건강한 부자가 되는 이치에 감사하며 절합니다

55 이유 없이 웃어도 건강해지는 이치에 감사하며 절합니다

56 속도보다 방향이 중요함을 아는 나에게 감사하며 절합니다

57 원을 세우면 방향이 정해지는 이치에 감사하며 절합니다

58 원이 없으면 갈 곳도 없는 이치를 앎에 감사하며 절합니다

59 참으로 원하는 하나에 집중하는 나에게 감사하며 절합니다

60 원이 간절하면 반드시 이루어짐을 앎에 감사하며 절합니다

61 일단 시작하고 보는 용기 있는 나에게 감사하며 절합니다

62 시작은 초라해도 성공은 풍성한 이치에 감사하며 절합니다

63 할 수 있다는 생각을 지켜내는 나에게 감사하며 절합니다

64 생각을 원 이루는 도구로 쓰는 나에게 감사하며 절합니다

65 원하는 것만 생각하는 나에게 감사하며 절합니다

66 걱정 대신 성공할 이유를 생각하는 나에게 감사하며 절합니다

67 모든 일이 다 잘 되고 있음을 믿음에 감사하며 절합니다

68 큰 난관에 부딪쳐도 버텨내는 나에게 감사하며 절합니다

69 장애를 넘어서면 한 단계 성장함을 앎에 감사하며 절합니다

70 길이 안보일 때 한발 더 내딛는 용기에 감사하며 절합니다

71 부정적인 생각이 불행 지어냄을 앎에 감사하며 절합니다

72 긍정적인 생각이 행복 지어내는 이치에 감사하며 절합니다

73 감정은 무의식이 지어낸 허상임을 앎에 감사하며 절합니다

74 감정보다 이성을 선택하는 나에게 감사하며 절합니다

75 너와 내가 둘이 아닌 이치를 알아차림에 감사하며 절합니다

76 남의 일을 내 일처럼 생각하는 나에게 감사하며 절합니다

77 남과 비교하여 괴로워하지 않는 나에게 감사하며 절합니다

78 이기려는 생각이 없어 편안한 나에게 감사하며 절합니다

79 바라지 않고 사랑을 베푸는 나에게 감사하며 절합니다

80 남을 존경하면 내가 존경받는 이치에 감사하며 절합니다

81 남을 도우면 내가 부유해지는 이치에 감사하며 절합니다

82 잠재의식이 나를 지배하고 있음을 앎에 감사하며 절합니다

83 모든 행위가 잠재의식에 저장됨을 앎에 감사하며 절합니다

84 잠재의식이 세상 지어냄을 앎에 감사하며 절합니다

85 잠재의식이 변해야 삶이 바뀜을 앎에 감사하며 절합니다

86 잠재의식에는 부정적 기억이 많음을 앎에 감사하며 절합니다

87 긍정적인 생각이 성공 지어내는 이치에 감사하며 절합니다

88 반복하는 행위가 습관이 되는 이치에 감사하며 절합니다

89 좋은 습관이 성공으로 이끄는 이치에 감사하며 절합니다

90 어렵더라도 꾸준히 해내는 나에게 감사하며 절합니다

91 늦었다고 생각될 때가 시작할 때임을 앎에 감사하며 절합니다

92 마음은 쉼 없이 창조하고 있음을 앎에 감사하며 절합니다

93 변하는 세상은 꿈과 같음을 앎에 감사하며 절합니다

94 꿈속에서는 꿈이 현실로 보임을 앎에 감사하며 절합니다

95 행복한 꿈을 꾸는 나에게 감사하며 절합니다

96 긍정적인 생각이 좋은 꿈 그려
냄을 앎에 감사하며 절합니다

97 인생을 꿈처럼 바라보고 집착
없는 나에게 감사하며 절합니다

98 알아차리면 꿈에서 깨어나는
이치에 감사하며 절합니다

99 앎이 없으면 몸과 생각도 없음
을 앎에 감사하며 절합니다

100 몸과 마음이 알아차림의 도구
임을 앎에 감사하며 절합니다

101 앎이 없으면 우주는 어디 있는가를 물음에 감사하며 절합니다

102 알아차림은 상처받지 않는 나임을 앎에 감사하며 절합니다

103 상처받는 것은 몸과 마음임을 앎에 감사하며 절합니다

104 알아차림은 오고 감이 없음을 앎에 감사하며 절합니다

105 알아차리면 묵은 감정이 사라짐을 앎에 감사하며 절합니다

106 분노는 알아차림으로 치유되는 이치에 감사하며 절합니다

107 알아차림을 인식함이 수행임을 앎에 감사하며 절합니다

108 나는 지금 알아차리고 있는가를 물음에 감사하며 절합니다

감사는 은혜에 보답하며 믿고 존경하는 마음입니다. 감사하는 마음은 너와 내가 하나 되어 다툼을 없애주며, 행운과 성공을 불러들여 행복한 세상으로 만들어 줍니다.

 우리 곁에는 감사할 존재가 너무나 많습니다. 사람은 외롭지 않게 하고, 허공은 답답하지 않게 하며, 공기는 숨을 쉬게 하고, 땅은 걸을 수 있게 하며, 물은 생명을 길러내고, 태양은 밝고 따뜻한 빛을 보내 줍니다. 그리고 어떠한 대가도 요구하지 않습니다.

 이 모든 존재들이 우주를 이루고 있으므로 저희들은 이제 이 모두에게 진심으로 감사를 드립니다.

 그리고 감사하면 감사할수록 우주는 더욱 더 큰 사랑과 축복을 저희들에게 보내줄 것입니다.

 우주는 부처님의 몸이며 나의 몸이기도 합니다. 저희들은 모든 중생들을 고통에서 건져주시는 대자대비하신 부처님께 지극정성 두 손 모아 감사기도를 올립니다.

저의 운명을 우주의 본체이고, 참 나이며, 깨어있는 알아차림이신 부처님께 맡기오니 당신의 뜻대로 하소서.

기도의 법칙

사성제 : 네 가지 성스러운 진리

 기도의 법칙

1. 우주창조의 원리

　마음은 모양도 분별도 없지만 지각작용인 알아차림을 본체로 삼는다. 그래서 우주의 모든 존재들이 알아차림 안에 거하고 있는데 이는 마치 온 우주가 허공 속에 있는 것과 같다.

　허공 또한 모양도 분별도 없지만 둥근 그릇 속에서는 둥글게 되고, 네모난 그릇 속에서는 네모가 된다. 그리고 그릇을 사라지면 다시 모양 없는 허공으로 돌아간다.

 허공은 줄어들지도 늘어나지도 않지만 온 우주가 다 들어가도 모자람이 없고, 어떠한 물건도 거부하지 않는다. 이는 허공이 정해진 모양이 없기 때문에 가능한 일이다. 만약 허공이 모양을 갖추고 있다면 한계가 지어져 모든 것을 다 받아드릴 수 없을 것이다.

 여기에서 우리는 모양 있는 물체가 아무리 커다해도 모양 없는 허공보다 클 수 없으며, 어떠한 물체라도 허공이 없으면 존재할 수 없음을 알아보았다.

 물체를 자세히 살펴보면 한 순간도 자기 모습을 유지하지 못하고 끊임없이 변하고 있다. 이는 어떠한 물체라도 정해진 자기 모습이 없기 때문에 일어나는 현상이다. 그리고 물체가 사라지면 그 자리에는 다시 텅 빈 허공만 남는다.

 모든 물체가 허공 속에서 나타났다가 다시 허공으로 돌아간다. 그렇다면 변하는 사물은 허상이요. 변하지 않는 허공은 실상임을 알 수 있을 것이다.

 이러한 논리는 일반 사람들의 생각과는 상반되는 말로 들릴 수도 있다. 대부분의 사람들이 물체에 초점을 맞추고 허공을 무시하기 때문이다. 그래서 세상을 볼 때 물체를 기준으로 삼고 있다. 하지만 잘 살펴보면 모든 물체의 참 모습은 텅 비어 있음을 알 수 있다.

 허공과 마찬가지로 우주의 본체인 마음도 텅 비어있다. 하지만 아무 것도 없는 것이 아니다. 오히려 모든 것을 알아차리는 지혜와 무한 에너지를 지니고 있으면서 일체 생명체들에게 평등하게 부어주고 있다. 마치 하늘에서 내리는 비가 온갖 초목을 다 적셔주는 것처럼.

 만약 "알아차리지 못하면 나와 우주는 존재할 수 있을까?" 이 물음에서 유추해보면 나와 우주는 알아차림이 없으면 존재할 수 없다. 설사 누군가가 "있다"라고 우기더라도 알아차리지 못하는 형체를 "있다"라고 어떻게 주장할 수 있겠는가?

 알아차림은 한 생각 일어나기 이전부터 존재하는 마음이다. 그러므로 우주가 창조되기 전에도 있었고, 우주가 소멸된 이후에도 사라지지 않는다. 왜냐하면 형체도 없고 변화도 없는 존재는 태어날 수도 사라질 수도 없기 때문이다.

 그리고 알아차림은 한결같은 지각작용이며 변화가 없기 때문에 시공을 초월해 있다. 잘 살펴보면 알아차림은 어릴 때나 젊었을 때나 늙었을 때 그리고 그 어느 장소에 있더라도 단지 지켜볼 뿐 변하지 않음을 알 수 있을 것이다.

 이렇게 모양도 분별도 없는 알아차림은 지금 이 자리에서 완벽하게 존재하고 있다. 그래서 우리가 살아있을 수 있는 것이다. 하지만 알아차림은 인식할 수는 있지만 얻거나 분별할 수 있는 대상은 아니다. 그리고 대상이 아닌 존재는 바로 나 자신 뿐이다.

끊임없이 변하는 몸과 마음은 시간과 공간상에 존재한다. 변화를 측정해서 시간이라 하고, 형상이 있는 곳을 공간이라고 부르지만 이는 가상현실일 뿐 진실이 아니다.

만약 진실로 있는 것이라면 어찌 변하고 사라질 수 있겠는가? 하지만 형상도 없고, 변화도 없는 알아차림은 시간이나 공간에 구속되지 않고 언제나 한결같이 지켜보고 있으므로 실재이고 진리이다.

그런데 이 우주가 언제 생겨난 것인지는 알 수 없다. 왜냐하면 알아차리지 못하면 우주도 없기 때문이다.

단지 깨어있는 알아차림의 일부가 육체에 들어가서 '몸이 나' 라는 아상이 생겨나고, 아상으로 인해 남인 '인상'과 분별심인 '중생상'과 수명인 '수자상'이 지어져 네 가지 가상현실이 나타났다.

이는 마치 허공이 네모난 그릇 속에서는 네모가 되고, 둥근 그릇 속에선 둥근 모습이 되지만 허공 자체엔 정해진 모양이 없는 것과 흡사하다.

이 네 가지 집착 중 아상我相이 전체와 나를 분리시키는 최초의 어리석음이다. 그래서 지혜로운 사람은 가장 먼저 아상을 버린다. 그러면 저절로 인상, 중생상, 수자상이 사라져 고통에서 벗어나게 될 것이다. [금강경]에는 "아상, 인상, 중생상, 수자상이 없는 이가 진정한 보살이다."라는 말씀이 있다.

이를 보면 '몸이 나'라는 생각을 믿음으로부터 탄생과 죽음이 시작됨을 알 수 있다. 그러면 우주에너지는 생각을 도구로 사용하여 정신과 물질을 만들어 낸다. 즉 믿고 있는 생각대로 세상이 그려진다는 것이다.

그리고 중생마다 생각이 다르기 때문에 각자의 생김새와 살아가는 세상도 달라진다. 그리고 한 중생이 사라지면 한 우주도 소멸된다. 이를 보면 지금도 우주의 탄생과 소멸은 계속적으로 일어나고 있음을 알 수 있다.

 물론 우주를 만드는 에너지는 알아차림이며 그 도구는 생각이다. 그래서 우주는 중생들의 생각 따라 중중무진법계로 나타나는 것이다.

 선인들은 중생이 사는 세상을 "꿈 또는 환"이라고 말씀하신다. 이는 아주 없는 것은 아니지만 실제로 있는 것도 아니라는 말이다. 왜냐하면 세상은 중생의 생각이 지어낸 이미지이기 때문이다.

 여기에서 세상의 있는 그대로의 모습 즉 진리는 유무$_{有無}$ (있음과 없음) 즉 생각을 넘어선 자리임을 알 수 있을 것이다.

 단지 바라보고 있는 알아차림은 한 생각 일어나기 이전부터 존재하는 마음의 본체이며, 생각의 영향을 받지 않으므로 꿈이 아닌 진실이다. 그러므로 알아차림을 인식하는 것이 진정한 자신을 만나는 것이다. 이는 마치 오랜 여행에 지친 피곤한 나그네가 고향집에 돌아온 것과 같이 평온한 자리이다.

불교에서는 무명 즉 어리석음으로 인해서 정신과 물질이 생겨난다고 십이연기에서 말한다. 그리고 "무명은 어디에서 일어났는가?"라는 물음에는 "무시무종無始無終(시작도 없고 끝도 없다.)"이라고 대답한다.

"시작도 없고 끝도 없다."라는 말의 의미는 무명이 실제로 있는 것이 아님을 뜻한다. 그래서 무명으로 인해서 나타난 몸과 마음 또 살아가는 세상도 허상일 수밖에 없다. 이치가 이러하므로 무명이 사라지면 모든 것이 사라지는 것이다.

이런 연유로 지혜로운 이들은 "인생을 꿈과 같다."라고 말씀하신다. 그리고 집착을 버리고 걸림 없이 살아간다. 왜냐하면 집착이 없으면 무명이 소멸되고, 무명이 없으면 생로병사도 없기 때문이다.

2. 꿈꾸는 중생

 우리의 삶을 꿈과 같다고 말하지만 꿈이라는 말이 현실적으로 들리지 않을 수도 있다. 왜냐하면 중생들은 기쁨과 슬픔, 행복과 불행, 아픔과 즐거움 등 수많은 일들을 또렷이 느끼면서 살아가고 있기 때문이다.

 우리가 잠자면서 꾸는 꿈을 살펴보면 꿈속에서는 꿈인 줄 모른다. 그래서 꿈속에서 울고 웃는다. 이로써 현실이 정말 꿈일지라도 우리는 꿈인 줄 모르고 살아갈 수밖에 없음을 알 수 있다.

 그런데 우리의 삶이 꿈이 아니라는 증거 역시 찾을 수 없다. 단지 꿈에서 깨어난 사람만이 꿈을 꾸었다는 사실을 알 수 있을 뿐이다.

[금강경]에서는 "일체 유위법 즉 중생이 사는 세상은 꿈, 환, 물거품, 그림자, 아침이슬, 번개와 같으니 마땅히 이와 같이 관하라."라고 말씀하시며 경을 마무리하고 있다.

사람들은 자기 생각이 지어낸 세상을 보고 실제로 있다고 집착한다. 그래서 탐욕과 분노와 다툼의 고통 속에서 살아간다. 이 모습을 불쌍하게 여기신 부처님은 "세상의 모든 것은 꿈 또는 환과 같다."라고 말씀하시어 그들에게 집착에서 벗어나 행복으로 가는 길을 보이셨다.

집착은 고통의 원인이며 이 집착을 버리기 위해서 "세상을 꿈과 같이 바라보라."는 관법수행을 제시하신 것이다.

이는 집착을 버리기 위한 방편도 되지만 여기에서 한 발 더 나아가야 한다. 그것은 알아차림 상태를 유지하는 것이다. 그러면 저절로 집착이 사라지고 지혜가 드러나 세상을 있는 그대로 볼 수 있기 때문이다.

  여기에서 우리는 알아차림이 생각이나 집착에 물들지 않는 진정한 나이며 영원불멸한 우주의 본성임을 분명히 이해하고 넘어가야 한다.

  만약 어떤 사람이 꿈속에서 꿈 인줄 알아차리면 이 사람은 더 이상 꿈을 꾸지 않을 것이다. 꿈인 줄 알면서 꿈을 꾸는 사람이 어디 있겠는가?

  꿈을 꾸고 있는 줄 아는 사람은 꿈에서 깨어나 현실로 돌아오게 된다. 이것이 깨달음이다. 이제부터 이 사람은 꿈속에서 묶여있었던 모든 속박의 끈을 풀어버리고 자유자재하게 살아갈 것이다. 이러한 경지는 알아차림을 인식할 때 체득할 수 있다.

3. 참 나는 알아차림이다.

 변하는 것은 실체 없는 허상이지만 영원히 변치 않는 것은 실체이며 진리이다. 생각은 끊임없이 변하는 허상이므로 생각 따라 나타난 세상도 실체가 아닌 허상이며 꿈이다. 그러나 알아차림은 변하지 않으며 영원불멸하다. 그래서 알아차림이 실체이며 진리이고 진정한 나인 것이다.

 아쉽지만 진리는 생각으로 밝힐 수 없다. 왜냐하면 생각은 유한하고 진리는 무한하기 때문이다. 여기에서 우리는 한계에 갇힌 생각이 바로 무명 즉 어리석음임을 알 수 있다.

 이 이치를 알았다면 우리는 생각의 창조물인 외부세계에서 의식을 거두어 내부세계인 알아차림에 두어야 한다. 알아차림을 인식하는 것이 우주의 근원으로 돌아가는 길이며, 진정한 내가 되는 명상이기 때문이다.

과학자들이 밝힌 바로는 "물질은 분자로 이루어지고, 분자는 원자로 이루어지며, 원자는 전자로, 전자는 더욱 작은 미립자로 이루어져 있다."라고 한다.

그리고 물질이 되는 최초 원인인 미립자는 텅 빈 공간으로 존재하고 있다가 생명체를 인식하면 그 생각을 알아차리고 입자가 되어 나타난다. 물론 아무도 보지 않으면 다시 텅 빈 공간인 확률적 파동으로 되돌아간다.

위에서 한 말은 텅 빈 공간에는 무한한 우주에너지가 가득 차 있으며 이 에너지가 생명체의 생각을 알아차리고 파동에서 입자로 변해 물질화된다는 말이다. 이는 텅 빈 공간이 아무 것도 없는 무無가 아니라 물질을 만들어내는 우주에너지이자 깨어서 알아차리는 존재임을 알려주고 있다.

또 이를 살펴보면 알아차림 즉 지각하는 의식이 나와 우주를 창조하는 근원이며 나와 우주의 성품임을 알 수 있을 것이다. 불교에서는 이를 "반야"라고 부른다.

또 [반야심경]에서 말하는 "색즉시공공즉시색色卽是空空卽是色(색이 곧 공이며 공이 곧 색이다.)"의 이치에도 정확하게 일치한다. 그리고 "모든 것은 마음이 지어낸다."는 일체유심조사상과도 함께하고 있다.

만약 우리가 무심으로 돌아갈 수 있다면 분별은 사라지고 오직 알아차림 자체인 참 나만이 남을 것이다. 이것은 반야지혜로서 우주에너지와 지혜와 자비와 행복이 가득한 곳이다.

이러한 이치는 무심으로 돌아가 깨달은 성자들이 지혜로서 세상을 바르게 보고 자비로써 중생을 구제하는 것을 보면 알 수 있다.

4. 지혜는 판단하지 않는다.

 [법화경] 약초비유품의 내용을 요약해 보겠다. "부처님의 가피력 즉 진리의 작용은 하늘에서 내리는 비와 같아서 모든 초목들에게 똑같이 비를 내린다. 그러면 큰 나무는 많이 머금고, 작은 나무는 작게 머금으며, 약초가 마시면 약이 되고, 독초가 마시면 독이 된다."라고 말씀하셨다.

 이 말씀에 의지해서 살펴보면 마음의 본체는 우주창조의 에너지이고 무한한 생명력이다. 그리고 착한 사람, 악한 사람, 지혜로운 이. 어리석은 이, 약한 자, 강한 자 등 어떤 중생도 차별하지 않고 똑 같이 우주의 힘을 불어 넣어 준다는 것을 알 수 있다.

 그래서 악한 자가 잘 살기도 하고, 착한 이가 못살기도 한다. 이는 모두 자기가 지어서 받는 것이지 우주에너지가 차별을 가지고 밀어준 것이 아니다. 단지 각 중생의 마음상태에 따라 받아드리는 양과 질이 달라질 뿐이다.

부처님은 "악한 사람이 잘 사는 것은 악의 열매가 익지 않았기 때문이며, 악의 열매가 익으면 큰 고통을 당할 것이다, 그리고 선한 사람이 못 사는 것은 선의 열매가 익지 않았기 때문이며, 선의 열매가 익으면 큰 복을 받게 된다."라고 말씀하셨다.

여기에서 유추해보면 악한 사람이 잘 사는 것은 과거의 선행이 남아있기 때문이다. 그러나 이 선행의 기운이 다하고 악행의 기운이 성숙되면 큰 고통을 당할 것임을 알 수 있다. 이는 선한 사람의 경우도 마찬가지이다.

인과의 법칙은 너무나 정확하여 베풀지 않으면 받을 수 없다는 이치가 여기에 잘 드러나 있다. 왜냐하면 잠재의식에 저장된 기억이 그대로 현실이 되기 때문에 인과의 법칙은 정확하게 작용할 수밖에 없는 것이다.

그리고 진리는 자타의 구분 없이 작용한다. 그래서 남의 것을 빼앗으면 내 것도 빼앗기며, 남을 미워하면 내가 미움

받으며, 남에게 베풀면 내가 얻게 되며, 남을 사랑하면 내가 사랑받게 된다. 단지 결과가 나타나는 시간이 다르기 때문에 얼핏 보면 원인과 결과가 달라 보일 것이다. 하지만 긴 안목에서 보면 인과는 정확하게 작동함을 알 수 있다.

또 자기 혼자만 생각하는 것은 작은 그릇이고 가족까지 생각하면 그릇은 조금 커진다. 그리고 나라를 생각하고, 모든 인류를 생각하며, 일체 중생을 생각하면서 그릇은 점점 더 커지게 된다. 마침내 우주와 내가 하나임을 깨달으면 무한에 이를 수 있다. 이렇게 자기 그릇만큼 우주에너지가 담기는 것이 진리의 작용이다.

자비로운 사람은 약초와 같고, 악한 사람은 독초와 같다. 하지만 진리는 이 모두에게 공평하게 힘을 부여해 주기 때문에 약초와 독초는 평등하게 함께 자란다. 그래서 세상에는 복잡 다양한 중생이 공존하는데 장애가 없다.

얼핏 생각하면 '착한 사람에게 많은 힘을 부어주는 것이

옳다.'라고 할 수 있다 하지만 이는 중생의 생각일 뿐 진리는 옳고 그름을 넘어 평등하게 작용한다. 그래서 자기가 지은 데로 정확하게 과보를 받는 것이다.

 진리가 평등하게 작용하기 때문에 우리는 항상 긍정적인 생각을 하고 남에게 도움을 주어야 한다. 왜냐하면 악한 생각을 하면 악의 과보를 받고, 착한 생각을 하면 선의 과보를 받으며, 남의 것을 빼앗으면 가난의 씨앗이 저장되고, 남에게 베풀면 부자의 씨앗이 저장되기 때문이다.

 잠재의식은 나의 모든 행위를 저장한다. 그리고 우주의 근원인 알아차림은 잠재의식에 저장된 정보를 지켜보고 차별 없이 에너지를 부어서 세상을 지어낸다. 그래서 그 세상에 사는 중생들의 행위에 따라서 세상이 창조되지 진리가 관여하는 것은 아니다.

 이러한 이치에서 보면 행복해지기를 바라는 사람은 반드시 긍정적인 생각을 하고 복을 지어야 함을 알 수 있다. 왜냐하면 내 마음 따라 세상이 지어지기 때문이다.

5. 고행을 버리고 중도의 길로

 일반적으로 고통을 참고 견디는 것으로 수행을 삼는 경향이 있으나 그 방법이 꼭 옳은 것이라고 볼 수는 없다. 왜냐하면 고행만이 최고의 수행이라는 생각이 계속 고통을 지어내기 때문이다.

 누군가가 '참고 견디면 성공할 수 있어!' 라고 믿으면서 고행을 한다면 그의 마음속에는 '현실은 늘 고통스러운 것' 이라는 생각이 잠재되어 있을 것이다. 그래서 고통이 항상 이 사람을 따라다닐 수밖에 없다. 그리고 그가 원하는 성공은 언제나 미래에 있기 때문에 현실에서는 만날 수 없을 것이다.

부처님도 출가하여 설산에서 육년 동안 고행을 했지만 큰 깨달음을 이루지는 못하셨다. 그리고 고행이 바른 수행이 아님을 체득하신 부처님은 고행을 버리고 중도의 길로 들어서셨다.

그렇다고 부처님이 수행을 포기한 것으로 오해해선 안 된다. 왜냐하면 고행을 내려놓은 다음 죽을 드시고 목욕을 하여 기력을 회복하신 후 풀잎을 깔고 자리에 앉으셨다. 그리고 "깨닫기 전에는 죽어도 이 자리에서 일어나지 않겠다."라는 굳건한 의지로 퇴로를 완전히 차단하셨기 때문이다.

퇴로를 차단하고 완전히 몰입된 수행은 고행이 아니다. 무념무상에 들면 고통이 없기 때문이다. 이렇게 선정삼매에 드신지 일주일 만에 부처님은 성불하셨다.

큰일을 하려고 하면서 퇴로를 남겨두면 어려운 고비를 만났을 때 물러나기 쉽다. 그래서 지혜로운 사람은 생사가 걸린 문제에 부닥쳤을 때 퇴로를 없애버린다. 더 이상 물러날 길이 없어지면 오직 이겨야하는 한 길밖에 없다. 이럴 때 목숨을 걸고 있는 힘을 다해 전진할 수 있는 것이다.

 퇴로를 차단한 사람은 오직 원하는 하나만 있을 뿐 다른 생각은 완전히 사라진다. 이는 수행자의 마지막 결단이다. 그리고 원하는 것이 이루어지면서 원하는 마음마저 사라져 무심으로 돌아가게 된다.

 중도란 치우치지 않는 마음이며 집착 없는 삶이다. 저울을 영점에 놓으면 무게를 정확하게 측정할 수 있듯이 마음도 한 쪽으로 치우치지 않으면 지혜로워진다.

 이와 마찬가지로 수행을 할 때도 고행이나 편안함, 어느 한 쪽에 집착하지 않으면서 마치 물 흐르듯 자연스럽게 해나가야 한다.

 강물은 바다를 향해 흘러가면서 바위를 만나면 돌아서가고, 둑을 만나면 기다렸다가 물이 모여 힘이 생기면 넘어간다. 어떤 경우에도 흐름의 본성을 잃지 않지만 또 조급해 하지도, 포기하지도 않는다. 그래서 옛사람들은 진리를 강물에 비유하길 좋아했던 것 같다.

 흐르는 강물처럼 사람도 상황에 따라 변할 수 있어야 한다. 변하지 않으면 발전을 못하거나 고통을 당할 수도 있다. 그리고 자기 생각만 고집해서 외골수라는 비난을 받기도 하며 또 본의 아니게 남을 괴롭힐 수도 있다. 그러나 가장 중요한 것은 현실파악을 못하는 어리석음이 고통을 부른다는 것이다.

 그렇다고 무조건 변하라는 것은 아니다. 강물도 아래로 흐르는 성품 하나는 결코 변하지 않는다. 그래서 자기주장을 끝까지 지켜야할 때는 지켜야한다. 이렇게 '하고 안하고'를 스스로 결정하면서 상황에 맞추어 지혜롭게 사는 것이 중도이다.

 어떤 사람은 중간을 중도라고 하지만 이 또한 잘못된 생각이다. 중간에도 집착하면 치우친 주장이 되어 버리기 때문이다. 그러므로 중도를 실천하는 사람은 그 어디에도 집착하지 않으면서 또 때에 따라서 어느 한 쪽을 정할 줄도 안다. 물론 그가 정하는 길은 진리로 향하는 방향이 될 것이다.

 중도는 "있다. 없다. 밉다. 곱다."등 그 어디에도 집착이 없는 상태이다. 그러므로 중도에 머무는 사람의 마음은 치우침이 없으므로 언제나 고요하다. 그리고 이런 사람은 생각을 넘어선 지혜가 드러날 수밖에 없다.

 그래서 '나와 남, 마음과 세상이 둘이 아닌 이치'를 보고 자연스럽게 화합하고 자비를 베풀면서 살아간다. 하지만 그 어떤 보답도 바라지 않는다. 왜냐하면 보답을 바라면 마음이 한 쪽으로 기울러지기 때문이다.

 물론 수행을 하다보면 참고 견디는 과정이 필요할 때가 있다. 하지만 간절한 원력 앞에서는 고통은 큰 힘을 발휘하지 못한다. 그래서 고통은 더 이상 고통이 아닌 것이다.

 만약 수행이 큰 고통의 연속이라면 일반 사람들이 감당하기는 어려울 것이다. 어쩌면 수행을 포기하거나 아예 시작할 엄두조차 내지 못할 지도 모른다. 하지만 다행스럽게도 부처님의 가르침을 배우고 이해하면 할수록 고통에서 벗어나 행복해진다. 그 이유는 생각이 전환되어 유연해지기 때문이다.

6. 바꿀 수 있는 것과 없는 것

 어떤 이들이 '타인이나 환경을 바꾸어야 행복해 질수 있다.' 라고 생각한다. 하지만 아무리 노력해도 외부환경은 바뀌지 않고 마음속에는 불만과 실망만 늘어날 것이다. 왜냐하면 환경을 바꾸려고 해도 자신이 원하는 대로 따라주지 않기 때문이다. 이는 바꿀 수 있는 있는 것은 그냥 두고,

할 수 없는 것에 집중한 결과이다.

 자신의 행복을 위해서는 먼저 지금의 현실은 남이 만든 것이 아니라 자기 마음이 지어낸 것임을 알아야 한다. 그리고 내면에서 그 원인을 찾아 마음을 고치면 외부 환경도 마음 따라 바뀔 것이다.

 자기 마음을 바꾸면 세상도 변하게 되는 이치는 "일체유심조一切唯心造(일체는 마음이 지어낸다)" 사상에 잘 나타나 있다. 이 이치에서 보면 외부 물질들은 마음이 그려낸 이미지이다. 그래서 당연히 마음을 다스리는 것이 우선되어야 한다.

 예를 들어서 우리는 행복할 일이 있어서 행복해지는 것이라고 생각하기 쉽다. 하지만 사실은 마음이 먼저 행복을 느껴야 행복한 일이 현실 속에서 생겨난다. 왜냐하면 행복도 마음이 지어내기 때문이다.

기도도 마찬가지이다. 소원을 이루고 나서 성취했다고 느끼는 것이 아니다. 먼저 마음속에서 소원을 이룬 상태의 감정을 느껴야 소원성취가 뒤따라오는 것이다. 언제나 마음속에서 그림이 그려지고 난 다음 그 그림이 현실로 나타난다는 것임을 명심해야 한다.

그렇다고 아무 일도 하지 않고 단지 생각만 하라는 것은 아니다. 소원을 세웠으면 '반드시 일이 성취된다.'는 믿음을 가지고, 그 과정에서 일어나는 의심과 불안한 마음이 망상임을 알고 내려놓아야 한다. 그리고 원이 간절해지면 길이 보일 것이다. 그러면 그 길을 따라 실천을 해 나가면 된다.

그리고 실천을 통해 믿음이 더욱 확고해져서 의심이 없어지면 '소원이 성취되었다.'는 느낌이 들 것이다. 이제 모든 걱정이 사라졌으므로 실패할 이유가 없어졌다. 그래서 그 방향으로 쭉 나아가면 소원은 반드시 이루어질 것이다.

우리가 어떤 일을 시작하면 그것에 저항하는 마음이 일어나게 되어 있다. 잠재의식에 쌓여있는 부정적인 생각이 작동하기 때문이다. 그래서 부정적인 생각을 흘려보내고 확고한 믿음이 들 때까지 마음을 다스려야 한다.

 사람마다 잠재의식에 쌓인 기억이 다르다. 그래서 어떤 사람은 쉽게 되지만 어렵게 성취하는 사람도 있다. 하지만 스스로 포기하지만 않으면 누구라도 성공하게 되어 있다. 왜냐하면 모든 사람들에게는 부처지혜와 공덕이 갖추어져 있기 때문이다.

7. 기도는 느낌이다.

 '틀림없이 이루어진다.' 는 믿음을 가지면 성취한 상태의 느낌이 들것이다. 기도는 소원을 이루었을 때의 감정을 느끼는 것이 가장 중요하다. 이 때 느끼는 감정의 진동수에 무한한 우주에너지가 반응하여 현실세계에 성취한 모습을 창조해 내기 때문이다.

 우리가 일으키는 느낌에는 특유의 진동수가 있다. 대략 말해보자면 긍정적인 생각이나 기쁨, 사랑, 믿음, 행복감 등은 진동수가 높고, 부정적인 생각이나 우울함, 슬픔, 분노 질투, 욕심 등은 진동수가 낮다.

 진동수는 느낌의 파장이며 우주에너지는 이 진동수에 반응한다. 그래서 우리는 일상생활을 하면서도 항상 기쁘고 상쾌하며 행복한 느낌을 유지하여 진동수를 높여야 한다.

 진동수를 높여야 하는 이유는 자신이 방출하는 진동수와 동일한 진동수를 가진 것들을 외부에서 끌어당기기 때문이다. 그래서 진동수가 높은 사람은 행운, 부, 명예, 사랑, 건강, 평화, 좋은 친구, 귀인, 성공 등을 끌어당긴다.

 그런데 원하는 것을 얻지 못하고 삶이 힘든 이유는 진동수가 낮기 때문이다. 이런 사람은 의심이 많고 자신을 믿지 못하며 항상 근심걱정에 젖어 있다. 그래서 이들은 가난, 병, 다툼, 질투, 우울함, 게으름, 실패 등 진동수가 낮은 것들을 끌어당기게 된다.

 행복하게 사는 사람은 진동수가 높기 때문에 곁에만 있어도 편안하고 좋다. 그래서 긍정적인 사람들은 행운을 끌어당기고 일도 잘 풀리는 것이다.

 하지만 우울하거나 비관적인 사람은 진동수가 낮아서 같은 진동수를 가진 사람과 환경을 끌어당긴다. 그래서 일이 잘 풀리지 않고 무기력해 지는 것이다. 그러므로 우리가 행복해지고 부자가 되기 위해서는 반드시 진동수를 높여야 한다.

 이제 우리가 할 일은 원하는 것이 다 이루어졌다는 믿음이 확실해질 때까지 즉 성취한 기쁨을 느낄 때까지 기도하는 것이다. 언제나 마음속에서 완성된 것만이 현실에서도 이루어진다는 사실을 잊지 말자.

8. 소원을 성취하는 법

"모든 것은 마음이 짓는다."는 이치에서 보면 소원성취란 아주 쉽다. 그래서 이미 소원을 이루었다는 믿음을 지니고 부처님께 "소원을 들어주셔서 감사합니다."라고 기도하면 된다. 그러면 믿는 대로 이루어질 것이다.

이루어졌다는 마음 즉 믿음이 현실이 되어 나타난 것이 소원성취이다. 하지만 이 이치를 받아드리고 실천할 사람은 많지 않으리라 본다. 왜냐하면 우리의 의심하고 걱정하는 습관이 믿음을 방해하기 때문이다.

그리고 지금 무언가를 바라고 있다면 그것은 '부족하다.'는 느낌에서 나온 생각이다. 그래서 바라는 마음으로 기도를 하면 부족한 상태가 계속 유지되는 것이 기도의 응답이다. 그런데 사람들은 이 이치를 모르고 "지극정성으로 기도해도 아무 소용이 없다."라고 말한다.

그럼 어떻게 기도해야 소원을 성취할 수 있을까? 원하는 것을 지금 가지고 있다고 믿으면 된다. 그러면 원하는 것이 이루어질 것이다. 철학자 괴테도 "성공하려면 먼저 그런 사람이 되어야 한다."라고 말했다.

한 생각이 단단히 뭉쳐 의심이 일어나지 않는 것이 믿음이다 이는 간절하게 원하는 생각이나 반복하는 생각이 쌓여서 믿음이 된다는 말도 된다. 그리고 이 믿음이 현실을 창조한다. 하지만 믿음보다 의심과 불안감이 강하다면 소원이 성취되는 것이 아니라 의심하거나 불안해했던 일이 이루어 질 것이다.

"사람은 보이는 것을 믿는 것이 아니라 믿는 대로 본다."라는 말이 있다. 이는 믿음이 앞서고 현실은 뒤따라옴을 말한다. 이 뜻을 이해했다면 '자신의 소원이 이미 이루어졌다.'고 믿는 것이 기도임을 알았을 것이다.

다시 말하면 기도는 부처님이 틀림없이 들어주실 것이고

나는 이를 믿기 때문에 기도하는 순간 이미 이루어진 것이나 다름없다. 그래서 "부처님! 소원을 들어주셔서 감사합니다."라고 기도하면 된다. 더 이상 원할 필요가 없다. 그냥 지금 가지고 있다고 느끼면 된다. 그러면 이미 이루어졌다는 느낌 따라 소원이 성취되어 나타날 것이다.

이를 보면 꼭 법당에서 꿇어앉아 하는 것만이 기도가 아님을 알 수 있다. 일상생활 속에서 풍요를 느끼며 행복하게 사는 것도 기도이기 때문이다. 그래서 원하는 것이 있는 사람은 원을 이룬 것처럼 생각하고 믿고 행동해야 한다.

그리고 기도하는 과정에서 '이렇게 하면 성공할 수 있다.'는 아이디어가 떠오르면 그 생각이 기도의 응답이다. 그래서 이 방법대로 실천하면 된다. 그 과정에서 의심이나 다른 방해물이 나타나더라도 알아차림으로 흘려보내면 된다. 일부러 흘려보내지 않아도 알아차리기만 하면 저절로 의심은 사라진다. 그러므로 망상을 없애려고 애쓸 필요가 없다.

자신의 부정적인 생각을 믿지 않는 것이 진리를 믿는 것임을 반드시 인식하라. 그렇지만 어찌 수많은 생애동안 축적된 부정적인 마음을 쉽게 제어할 수 있겠는가?

이제 극복했다고 생각해도 다음에 또 올라오고, 다시 또 올라오는 것이 의심이다. 그럴 때마다 의심이나 망상들을 마치 길가는 나그네처럼 바라보고 관심을 두지 않아야 한다. 그러면 망상은 스스로 사라져 갈 것이다. 그리고 단지 원하는 것만 생각하고 이미 가지고 있다는 믿음을 유지하라. 그러면 믿는 데로 이루어질 것이다.

9. 관찰자 즉 알아차림

만약 괴로움이 실재하는 것이라면 없어지지 않아야 되지만 괴로움은 변하는 것이므로 언젠가는 사라진다. 그러므로 이 실체 없는 괴로움을 붙잡지도 거부하지도 말고 단지 지켜보는 관찰자로 존재하라.

 지켜보는 마음은 생각하는 마음과 달리 괴로움에 물들지 않는다. 그래서 우리는 관찰자로서 존재해야 한다. 그러면 모든 번뇌의 속박에서 벗어나 편안해 질 것이다. 여기에서 우리가 괴로운 것은 관찰자가 아닌 생각하는 자로 존재하기 때문임을 알아보았다.

 지켜보는 자 즉 알아차림은 변하지 않으므로 시간과 공간에 예속되지 않는다. 그리고 우리가 인식하던, 못하던 언제나 변함없이 지켜보기 때문에 참나 또는 진리라고 부른다.

 그러나 변하는 모든 것 즉 생각과 물질은 자기 모습을 한 순간도 유지하지 못한다. 그래서 선인들은 "중생이 사는 세상은 꿈과 같고, 환과 같다."라고 말씀하셨다. 이 꿈과 같다는 말씀은 집착 없이 즉 관찰자로써 살아가라는 뜻이다. 그렇다고 아무렇게나 행동하면서 삶을 무시해서는 안 된다.

집착이 없으면 사랑을 해도 진실한 사랑을 하게 되고, 남을 도와주어도 대가를 바라지 않는다. 이러한 행위는 깨달음으로 가는 가장 바르고, 빠른 길이며 또 중도를 실천하는 보살의 삶이다. 그리고 원망과 분노 등 모든 번뇌를 내려놓고, 소원을 성취하여 행복으로 가는 관문이기도 하다.

[금강경]에서는 "집착 없는 보시의 공덕은 헤아릴 수 없이 크다."라고 말씀하시고 있다. 그러나 만약 어떤 사람이 "나는 집착이 없으므로 아무것도 하지 않는다."라고 말한다면 이것은 정말 최악의 집착이다. 이 '아무것도 하지 않겠다.'라는 집착은 게으름, 막행막식 등 자신과 남에게 극히 해로운 행위를 불러드리기 때문이다.

"집착 없이 보시하라."고 말씀하신 것은 베풀고, 사랑하면서도 보답을 바라지 말라는 것이지, 아무 것도 하지 말라는 말이 아니다. 집착 없는 사랑과 베풂은 자신과 타인이 둘이 아닌 진리에 일치하는 행동이다. 하지만 사랑과 베풂에 집착하거나 또 베풀 필요가 없다는데 집착하면 자타를

불리하여 진리에 어긋난다.

 집착 없는 보시는 알아차림 속에서 이루어진다. 알아차림은 생각을 넘어서 있는 마음이다. 그리고 알아차림은 행복 그 자체이므로 알아차림에 머물 때 진정한 행복을 느끼고 또 행복한 일을 끌어당기게 된다.

 그런데 알아차리지 못하면 잠재의식의 프로그램에 따라 집착하는 행동이 나올 수밖에 없다. 왜냐하면 잠재의식에는 과거전생부터 오랜 세월동안 너와 나를 분별하여 '내 것으로 만들겠다.' 라는 욕망이 두텁게 쌓여있기 때문이다.

 앞에서 말씀드린 대로 마음의 본체는 텅 비어 어떠한 모양도 없다. 하지만 언제나 변치 않는 지각작용으로 모든 것을 알아차리고 있다. 그리고 이 알아차림을 반야(지혜)라고 부른다.

 생각을 넘어서 반야를 체득하신 부처님은 지혜와 자비로

써 각각 중생들의 처지에 맞추어 그들을 구제하신다. 여기에서 우리 마음의 본체가 자비와 지혜를 갖추고 있음을 알 수 있다. 왜냐하면 부처와 중생이 마음의 본체가 다르지 않기 때문이다.

우리 마음의 본체는 부처님과 같이 알아차림 즉 관찰자이다. 그래서 알아차림이 깊어지면 우리도 부처님처럼 깨달을 수 있을 것이다.

10. 잠재의식의 힘

어느 날 청정한 마음의 본체에 미혹의 구름이 덮여 전체와 분리된 나 즉 아상이 나타났다. 그와 동시에 지금 우리가 사용하는 말과 행위와 생각을 모두 저장하는 잠재의식이 생겨난 것이다.

이 잠재의식은 신경, 두뇌, 심장, 호흡, 소화기 등 내부기관을 관장하고 있으며, 성격, 습관, 성향 등을 형성하고 있다. 그리고 잠재의식은 알아차림에 연결되어 우주에너지를 공급받고 있으며 현재의식에도 크나큰 영향을 미치고 있다.

그런데 현재의식이 마음의 본체인 참 나를 외면하고, 잠재의식을 나로 오인하여 믿고 따르게 되었다. 그 결과 과거의 생활패턴에서 벗어나지 못하고 고통을 당하고 있는 것이다.

우리의 생각이 바로 현실이 되지 않고 먼저 잠재의식에 저장이 된 다음 세력의 크기에 따라 세상을 지어내는 것은 참으로 다행스러운 일이다. 왜냐하면 생각이 즉각적으로 현실이 된다면 세상은 엉망진창이 되어 버리기 때문이다.

예를 들어 어떤 사람이 미워하는 자를 향해 '너 죽어.' 라고 생각해도 그는 죽지 않는다. 왜냐하면 그의 잠재의식에 저장되어 있는 '남을 죽이면 나도 죽어. 큰 벌을 받을 거야!' 라는 등 저항하는 생각들이 영향을 미치고 있기 때문이다.

　현재의식으로 잠재의식의 활동을 직접 인식하기는 어렵다. 단지 마음속에서 올라오는 느낌이나 감정 그리고 습관과 미세한 생각 등을 알아차리고 이것들이 잠재의식에서 나온다는 것을 추측할 수 있을 뿐이다.

　잠재의식에는 과거전생부터 우리가 했던 말과 행위와 생각들이 모두 저장되어 있다. 그런데 단지 생각의 덩어리에 불과한 이것을 진실이라고 믿고서, 우리는 그에 따라 작용하고 있다. 그리고 이 믿음 때문에 참 나인 알아차림을 등지고 잠재의식의 노예가 되고 만 것이다.

　잠재의식은 우리가 과거의 패턴에서 벗어나 새로운 일을 시작하려고 하면 "안 돼. 위험해. 넌 망할 거야."라고 끊임없이 우리에게 압박을 가한다. 혹은 은밀하게 속삭이듯이 부정적인 느낌을 주어 불안하게 만들기도 한다.

 그러면 많은 사람들이 잠재의식의 프로그램에 따라 예전처럼 살아가고 새로운 시작을 포기해 버린다. 그래야 일시적이나마 마음이 편안해지기 때문이다.

 중생들의 업장은 과거 전생부터 지어온 모든 행위가 축적되어 이루어져 있으므로 너무나 두텁다. 그래서 하나씩 소멸시키는 데는 세월이 지나치게 오래 걸린다. 또 소멸시키는 과정에서도 계속해서 다른 업을 짓기 때문에 완전히 소멸시키는 것은 거의 불가능하다.

 그래서 무의식적으로 올라오는 망상을 알아차려야 한다. 그러면 망상은 스스로 사라져 버릴 것이다. 왜냐하면 생각의 본체인 알아차림은 망상이 존재할 수 없는 자리이기 때문이다.

 하지만 망상을 억지로 눌러서는 안 된다. 누르면 망상은 마음속 깊이 들어가서 잠재하고 있다가 기회가 오면 더욱 큰 힘으로 나타나 우리를 괴롭힐 것이다.

 그렇지만 알아차림 명상을 계속하면 망상이 사라지면서 점차 잠재의식이 청정해 진다. 그러면 자기가 원하는 것을 쉽게 이룰 수 있다. 왜냐하면 잠재의식 속에 있던 부정적인 생각이 사라져 우리의 믿음을 방해하지 않기 때문이다.

 그런데 무슨 일이든지 성숙되는 데는 시간이 걸리므로 이루어질 때까지 참고 기다리는 인내가 필요하다. 이는 마치 축구선수들이 처음에는 서툴지만 훈련을 거듭할수록 점점 실력이 느는 것과 이치가 같다.

 잠재의식은 우리가 사는 세계와 환경, 부와 가난, 성격과 생김새 등 모든 것을 만들어 내었다. 그래서 "모든 것은 마음이 짓는다."라고 말한다.

 여기에서 우리는 성공하려고 노력을 해도 잘 안 되는 이유가 잠재의식에 간직된 부정적인 생각보다 원력의 힘이 약하기 때문임을 알 수 있다.

통계에서 보면 사람들의 85%가 부정적이라고 한다. 이를 통해 우리의 잠재의식에도 긍정적인 생각보다 부정적인 생각이 훨씬 많이 저장되어 있음을 알 수 있다. 그래서 일이 잘 안 풀리는 것이다.

하지만 이 이치를 알았다면 이제 성공의 실마리를 잡은 것이다. 이제부터 항상 긍정적인 생각을 하면서 기쁘게 살면 된다. 기뻐할 이유를 찾을 필요는 없다. 그냥 기뻐해도 잠재의식은 다 받아드려 행복한 현실을 만들어 내는 종자로 삼기 때문이다. 그런데 조잡한 이유 따위는 왜 찾는가?

우리의 생각은 이미 한계가 지어져 있다. 그러므로 행복해지기 위해서는 긍정적인 생각을 의식적으로 하여야 한다. 의식적으로 하지 않으면 잠재의식의 프로그램에 따라 평소의 습관대로 생각하게 되기 때문이다.

그렇다면 언제까지 긍정적인 생각을 해야 현실이 변할 수 있는가? 당연히 잠재의식에 저장된 부정적인 생각보다 긍정적인 생각의 세력이 커질 때까지 해야 한다. 그러면 긍정적인 생각이 습관이 되어 행복한 현실이 자연스럽게 지어질 것이다.

"마음이 모든 것을 지어낸다."는 이치에서 살펴보면 풍요로운 마음으로 살면 부자가 되고, 훔치는 생각을 계속 하면 도둑이 되고, 야구를 좋아하는 사람은 야구선수나 팬이 된다.

이 이치를 알았다면 이제부터 자기가 원하는 최고의 순간을 상상하자. 지금 하는 생각 하나 하나가 잠재의식에 저장되고 있다. 그래서 우리는 자신이 원하는 것만 생각하고 그 기분을 느껴야 하는 것이다. 모든 것은 마음이 지어내기 때문이다.

11. 변화와 꿈

우리가 살아가는 세상에는 변하지 않는 것이 없다. 그런데 이 변화를 받아드리지 못하면 큰 고통 속에 빠지게 된다. 왜냐하면 정해진 나와 그리고 내 것이 없기 때문이다.

나라고 믿었든 몸은 생로병사의 변화가 있고, 생각 역시 끝없이 변화하고 있으며, 사랑하는 사람과는 반드시 헤어질 때가 있고, 자기 소유라고 믿었든 모든 재산도 언젠가는 사라지게 된다.

그래서 변화의 이치를 알고 누릴 때는 즐거이 누리되, 놓아줄 때는 미련 없이 내려놓아야 한다. 꼭 붙잡고 있으려고 아무리 애써도 안 되는 이유는 어느 하나도 변화의 이치에서 벗어나는 것이 없기 때문이다.

변화를 거부하면 고통스러워 질 수밖에 없는 이유가 여기에 있다. 그래서 부처님은 "오는 인연 막지 말고 가는 인연

잡지 말라."고 말씀하신 것이다.

 또 일체는 모두 공하다고 말한다. 공하기 때문에 변하고, 그 변화는 우리의 마음을 따른다. 그래서 마음을 잘 다스려야 한다. 여기서 마음을 다스린다는 말은 자기가 원하는 생각을 해야 한다는 뜻이다. 그렇게 하여야 자신이 원하는 상태로 변화가 진행되기 때문이다.

 어느 날 자신을 바라보면 이미 노인이 되어 있다. 그래서 "인생은 일장춘몽이다."라고 말한다. 사실 현실은 우리의 상상이 지어낸 꿈같은 것이다. 하지만 우리는 꿈속에서 수행을 하고 발전해야 한다. 왜냐하면 꿈에서 깨어나야 하기 때문이다.

 그래서 성인들은 "깨어있어라. 알아차려라."라고 끊임없이 말씀하신다. 이 말씀에서 우리는 깨어있음 즉 알아차림이 수행임을 알 수 있을 것이다.

꿈에서 깨어난 성자는 다시 꿈속으로 들어와 우리를 흔들어 깨우고 있다. 우리가 심취하는 경전이나 가르침이 바로 "꿈에서 깨어나라."는 성인의 외침이다. 이 이치를 유추해 보면 수행과 소원 성취는 모두 꿈속에서 하는 것임을 이해할 수 있다.

그렇지만 꿈이 진실이 아니라고 무시해서는 안 된다. 꿈속에서는 꿈이 현실이기 때문이다. 그래서 우리는 꿈속에서 받는 고통과 즐거움을 고스란히 느끼고 있는 것이다.

여기에서 우리는 고통에서 벗어나려면 꿈에서 깨어나는 길밖에 없음을 알 수 있다. 왜냐하면 우리의 고통은 꿈속의 일이기 때문이다. 그리고 꿈에서 깨어나려면 알아차림을 인식해야 한다.

알아차림은 생각의 저변에 머물러 있으면서 한 순간도 우리를 떠난 적이 없다. 단지 우리가 "몸과 생각이 나라는 믿음"에서 벗어나지 못하기 때문에 진정한 나인 알아차림을 인식하지 못할 뿐이다. 만약 우리가 알아차림을 확실히 인식할 수 있다면 바로 꿈에서 깨어날 수 있을 것이다.

 그런데 그전에 우리는 꿈속에서라도 행복하게 살아야 한다. 참으로 신기한 것은 우리가 행복할 때 망상이 줄어들고 깨달음에 가까워진다는 것이다.

 사실 우리가 행복을 위해 돈을 벌거나 사랑하는 등 삶의 모든 과정이 하나도 수행이 아닌 것이 없다. 이는 우리가 잘 살기 위한 노력을 하는 사이에 자신도 모르게 꿈을 깨기 위한 작업 즉 마음을 다스리고 있기 때문이다.

12. 돈에 대하여

 돈에 대해 이야기하면 어떤 사람은 "당신은 왜 수준 낮은 말을 하는가?"라고 비난할 수도 있다. 그런데 돈에는 선악이 없다. 단지 사용하는 사람의 생각에 따라 선하게 되기도, 악하게 되기도, 수준이 높아지기도, 낮아지기도 할 뿐이다.

 돈을 잘 못 사용하면 악업을 짓지만, 잘 쓰면 여러 가지 좋은 일을 하여 복을 지을 수도 있다. 그래서 돈을 나쁘게 생각해서는 안 된다. 오히려 돈을 보람 있게 쓰는 자신의 모습을 상상하고 기뻐하는 것이 좋다. 그러면 그렇게 될 것이다.

 가장 중요한 것은 돈을 나쁘게 생각하는 사람에겐 돈이 따르지 않는다는 점이다. 이런 사람은 가난하게 살 수밖에 없다. 왜냐하면 돈을 싫어하는 마음 따라 돈이 떠나 버리기 때문이다. 돈은 자신을 사랑하고 소중히 다루는 사람을 따른다. 이러한 논리가 마음 따라 이루어지는 이치에 합당하지 않는가?

요즘은 시대가 많이 변했다. 옛날에는 약간의 농사만 짓고 나무를 해도 자기 혼자는 먹고 살 수 있었다. 그래서 산속에서 공부하는 사람들이 많았다.

그런데 지금은 돈이 없으면 살아가기 힘든 시대가 되었다. 설사 수행자라고 해도 너무 가난해서 먹고 살길이 없다면 우선 직장을 구해서 돈부터 벌어야 할 것이다.

물론 그 과정을 수행으로 삼아도 되겠지만 부족하더라도 먹고살 걱정이 없는 것보다는 못하다. 왜냐하면 생활고에 쪼들리면 근심 걱정과 남에게 무시당한다는 생각이 일어나 소극적인 사람이 되기 싶기 때문이다. 그리고 이러한 생각들은 모두 가난과 괴로움을 불러드리는 원인이 된다.

그래서 수행자라도 돈을 부정하는 마음을 버리고, 긍정적인 생각을 지니고 살아야 한다. 그러면 돈을 벌 수 있는 아이디어와 기회가 생기고 조금만 노력하면 돈이 들어오게 될 것이다.

그리고 그 돈으로 수행할 처소라도 하나 장만하여 그 곳에서 자신은 물론 다른 사람의 수행까지 도와주면 얼마나 좋겠는가? 그는 이 복으로 좋은 환경에서 수행에 전념할 수 있을 것이다.

언젠가 어떤 사람이 "요즘은 스님이라도 다른 일거리가 하나는 있어야 한다."라고 말했다. 이는 신도와 시주금이 줄어들어 절을 운영하기가 어렵기 때문에 하는 말이다.

당연히 스님들도 적당한 소득이 있어야 된다. 그래야 절을 유지하고 수행과 세상에 이익 되는 일을 할 수 있기 때문이다.

누구든지 돈에 구애받지 않는 것은 참 좋은 일이다. 왜냐하면 자기가 하고 싶은 일에 집중할 수 있기 때문이다. 하지만 돈에 집착하여 노예가 되면 꼭 써야할 곳에 쓰지 못한다. 그래서 나쁜 일이 되어 버린다.

어떤 사람이 "사기를 치든지, 남의 것을 빼앗아야 부자가 될 수 있다."라고 말한다면 이 사람은 세상을 아주 나쁜 각도로 바라보고 있다. 그래서 그는 항상 불평불만 속에서 살게 된다. 그리고 이 부정적인 마음이 그를 계속해서 가난하고 고통스럽게 만들 것이다.

하지만 누군가가 "부자에게는 그들만의 장점이 있어. 나는 그 점을 존경해."라고 말한다면 그는 부자들의 장점을 배우려고 노력할 것이다. 이러한 사람은 희망을 잃지 않는다. 그리고 항상 '나는 할 수 있어.'라는 긍정적인 마음과 배우려고 하는 자세로 삶에 임하기 때문에 때가 되면 성공할 수 있다.

그런데 돈에 대해 부정적으로 말하는 사람도 마음속으로는 대부분이 돈을 원하고 있을 것이다. 왜냐하면 돈이 있으면 자신이 바라는 많은 것을 가질 수 있기 때문이다.

그렇다면 차라리 돈이 좋다고 솔직히 말하는 것이 바람직

하지 않을까? 그러면 이 사람은 열린 마음으로 세상을 바라보게 되고, 세상은 이 사람에게 돈 버는 기회와 아이디어를 제공해 줄 것이다.

 몇몇 부자들의 단점만 보고, 장점을 무시하는 것은 한 쪽으로 기우러진 마음이다. 그런데 우리는 배울 것만 취하고 나머지는 버리면 된다. 부정적인 생각은 할 필요가 없다.

 사람들은 누구나 장점과 단점을 동시에 가지고 있다. 그 중에 우리가 눈여겨보고 본받아야 할 것은 그들의 장점이다. 만약 단점만 본다면 세상에 좋은 사람이 얼마나 되겠는가?

 단점만 보는 사람은 좋은 인연을 만나기 어렵다. 왜냐하면 단점만 보는 사람에게는 좋은 사람이 보이지 않기 때문이다.

 그래서 단점보다 장점에 초점을 맞추어야 한다. 그러면

이 사람은 원만한 인간관계를 맺고 좋은 인연과 행운을 끌어당기게 될 것이다.

13. 웃음과 미소

병이 오는 원인의 80%가 스트레스라고 한다. 스트레스는 자기를 괴롭히는 부정적인 생각들이다. 그런데 만약 스트레스를 받지 않는다면 병의 원인이 80%가 제거되므로 병에 걸릴 확률은 아주 낮아질 것이며 또 병에 걸렸다 하더라도 빨리 낫게 될 것이다.

이를 보면 병의 가장 좋은 예방법과 치료법은 편안한 마음으로 즐겁게 사는 것임을 알 수 있다. 하지만 주변을 살펴보면 힘들게 사는 사람은 많아도, 즐겁게 사는 사람은 보기 드물다. 이는 부정적인 성향을 가진 사람이 그만큼 많다는 말이다.

우리는 부정적인 영향을 받기 쉬운 환경에 놓여 있다. 이를 알았다면 이제부터 의식적으로 긍정적인 생각을 해서 기분을 전환시켜야 함을 알 수 있을 것이다. 왜냐하면 그냥 남 따라 살면 그들과 똑같이 살 수밖에 없기 때문이다.

그리고 행복해 지기 위해서는 많이 웃는 것이 좋다. 그러면 웃는 순간 부정적인 생각이 전환되어 즐거운 생각으로 바뀌기 때문이다. 여기에서 우리는 몸과 마음이 연결되어 있음을 알 수 있다.

웃음 치료법에서 보면 사람의 뇌는 진짜 웃음과 거짓 웃음을 구분하지 못한다고 한다. 그래서 억지로 웃어도 뇌는 진짜 웃는 것과 똑 같이 인식해서 건강에 좋은 기운을 많이 내품어 준다고 한다.

그런데 만약 누군가가 "웃을 일이 있어야 웃지요."라고 말한다면 아마도 이 사람은 평생 동안 웃을 일이 거의 없을 것이다. 그래서 웃기 위해서는 아무 이유 없이 그냥 웃어야 한다. 그냥 웃다보면 웃을 일도 생겨나기 때문이다.

 웃음을 통해서 큰 병을 치료한 사례들도 있지만 여기서는 이만 줄이겠다. 어찌되었던 많이 웃으면 좋다. "웃으면 복이 와요."라는 말도 있지 않은가?

 그리고 언제나 미소 짓는 습관을 들이도록 해보자. 미소 역시 자신을 행복하게 만들기 때문이다. "미소 짓는 얼굴은 꽃보다 아름답다."라는 말이 있다. 입가에 미소를 머금고 말하는 사람을 보면 누구나 기분이 좋아진다. 그리고 장사하는 사람이라면 손님도 많이 올 것이다.

 미소 짓는 일이 좋긴 하지만 이 역시 쉽지 않다. 왜냐하면 알아차리지 못하면 자신도 모르게 평소의 딱딱하게 굳은 표정으로 돌아가 버리기 때문이다.

 그러니 평소에 혼자 있더라도 미소 짓는 연습을 하여 아예 습관으로 만들어 버리는 것이 좋다. 그럴 수만 있다면 작은 미소 하나로 긍정적인 생각을 하고 행운을 끌어당기는 사람이 될 수 있을 것이다.

경전에는 "성 안내는 얼굴이 참다운 공양이다."라는 말씀이 있다. 이제 자신의 얼굴을 거울에 비쳐보자. 표정 없이 딱딱하게 굳어 있는 모습은 마치 성내는 사람처럼 보일 것이다.

이 문제를 해결할 수 있는 것이 미소다. 여기에서 우리는 성 안내는 얼굴은 바로 미소 짓는 얼굴이요 미소 짓는 얼굴이 참다운 공양임을 알아보았다.

부처님께 올리는 공양은 부처님의 뜻에 맞는 것이 최고일 것이다. 부처님이 이 땅에 오신 뜻은 중생들을 괴로움에서 건져내기 위해서이다. 그래서 우리도 조금이나마 중생들의 고통을 덜어주고 행복하게 해 주어야 한다. 그 가운데 미소 띤 얼굴로 살아가는 것이 가장 쉽고 효과적인 방법일 것이다.

미소 짓는 얼굴로 사람을 대하면 저절로 부드러운 말이 나온다. 그래서 자신과 남의 마음이 동시에 편안해지고, 화합하게 되며, 부정적인 생각을 내려놓고 긍정적인 생각을 하게 된다.

긍정적으로 생각하는 사람은 모든 일을 좋게 해석하므로 스트레스를 받지 않아서 건강해진다. 그리고 운이 좋아져서 하는 일이 잘 풀리고, 좋은 인연도 많이 생기게 될 것이다.

그런데 부정적인 사람은 항상 인상을 쓰고, 불평만 늘어놓는다. 그래서 그의 곁에 있으면 의욕이 상실되고, 자신도 모르는 사이에 세상을 부정적으로 생각하게끔 유도된다.

부정적인 사람은 남에 앞서 먼저 자기 자신부터 피해를 입는다. 왜냐하면 부정적인 생각자체가 괴로움이기 때문이다. 그리고 이런 사람은 하는 일이 잘 풀리지 않고 나쁜 사람들과 주로 인연이 맺어지게 된다. 또 이로 인해 그의 부정적인 성향은 더욱더 짙어진다.

 안 좋은 일들이 생기는 것은 자신의 부정적인 생각이 원인이다. 안 된다는 생각이 실패를, 미워하는 마음이 미운 사람을 끌어당긴다는 것을 알아야 한다. 이러한 이치가 "모든 것은 마음이 짓는다."는 말씀에 잘 일치하지 않는가?

 사람은 누구든지 옆에 있는 사람의 영향을 받게끔 되어 있다. 그래서 우리는 미소 짓는 사람이 되도록 노력해야 한다. 그래야 자신과 소중한 사람들을 행복하게 만들 수 있을 테니까!

 긍정적인 생각과 말을 하는 것은 자신이나 남에게 주는 큰 선물이다. 그런데 이를 위한 가장 쉽고 확실한 방법이 바로 미소 짓는 얼굴이다. 미소만 지어도 저절로 긍정적인 생각을 하게 되고 남의 기분도 좋게 만들어 주기 때문이다.

 얼굴은 간판이다. 사람들이 물건을 사거나 무언가를 먹고 싶을 때 간판을 보고 찾아간다. 그래서 사람들의 이목을 끌 수 있는 간판을 다는 것은 사업에서 매우 중요하다.

이와 마찬가지로 우리 자신의 간판인 얼굴도 인간관계에 있어서 아주 중요한 것이다. 이제 우리의 간판인 얼굴에 미소라는 그림을 그려보자.

우리에게 좋은 운과 행복과 사랑 그리고 돈을 가져다주는 것은 사람이다. 그래서 이들을 끌어당기기 위해서는 먼저 매력적인 사람이 되어야 한다. 또 매력적인 사람이 되기 위해서는 기본적으로 미소 짓는 얼굴을 갖추어야 할 것이다.

그런데 미소를 짓기 위해서는 미소 짓는 모습을 알아차려야 한다. 알아차리지 못하면 지금 자신이 미소를 짓고 있는지 아니면 인상을 쓰고 있는지 어떻게 알겠는가?

사람들의 평소의 얼굴 표정은 대부분 굳어 있다. 그래서 우리는 되도록 자주 자신의 표정을 살펴보고 의식적으로 미소를 지어야 한다.

 의식적으로 하지 않으면 잠재의식의 패턴에 따라 평소의 굳어 있는 얼굴로 돌아가 버리기 때문이다. 여기에서 우리는 의식적으로 미소 짓는 행위가 알아차림 명상임을 이해했을 것이다.

 미소 짓는 내 모습을 알아차리는 것이 티 없이 깨끗한 부처님마음이다. 이 책에서는 알아차림이 진정한 나라고 계속해서 말하고 있다. 사실 알아차림이 모든 존재의 자성이다. 그래서 우리를 변화시키는 에너지도 이 알아차림에서 나온다.

 그리고 모든 부정적인 생각은 알아차림 속에서는 존재할 수 없다. 알아차림은 평화와 행복, 긍정 그 자체이기 때문이다.

14. 행복한 사람은 망상이 없다.

 현재는 바쁘고 복잡한 시대라서 특별히 시간을 내어 수행하기가 어렵다. 그래서 일상생활 속에서 하는 수행 즉 행복한 삶을 통해 깨달음을 성취하는 것이 바람직하다.

 물론 그 과정에서 힘들 때도 있겠지만 그것마저도 즐거운 마음으로 극복해 나가야 한다. 왜냐하면 진정으로 원하는 일을 하면 괴로움도 기꺼이 받아드리기 때문이다,

 만약 현실에 만족하면서 살고 있다면 무슨 번뇌 망상이 일어나겠는가? 극락세계에 태어난 중생들은 망상이 없기 때문에 지극히 행복하다. 그래서 그들은 성불할 때까지 극락에 머물면서 행복하게 수행을 한다.

 그리고 최고의 보살이 되어 중생을 구제하다가 위없는 깨달음을 증득하게 된다. 여기에서 중생구제가 수행의 핵심임을 알 수 있는데 이는 중생과 보살 그리고 너와 내가 둘

이 아니기 때문이다. 그래서 남을 돕는 것이 내가 성공하는 길이며, 남을 구제하는 것이 내가 깨달음을 이루는 수행인 것이다.

 모든 사람들은 알아차림을 본체로 삼고, 알아차림으로 인해 존재한다. 그러므로 알아차림 안에서 우리는 모두가 한 몸이다. 이 이치를 이해하면 남을 미워하는 것은 나를 미워하는 것이며, 남을 사랑하는 것은 나를 사랑하는 것임을 알게 된다.

 대승불교에서는 "상구보리하화중생上求菩提下化衆生(위로는 깨달음을 구하고 아래로는 중생을 제도한다.)"을 실천하는 이를 보살이라고 부른다.

 그리고 [금강경]에서는 "선남자 선여인이 보리심을 발하면 이를 보살이라 한다."라고 말씀하신다. 여기에서 보살은 대승의 마음을 지닌 수행자를 지칭한다. 그리고 대승은 중생을 사랑하는 마음이다.

이를 유추해보면 우리도 지금 이 곳에서 행복한 삶을 통하여 깨달음에 들 수 있음을 알 수 있다. 극락이 다른 곳에 존재한다고 주장하는 사람도 있지만 [무상법문집]에는 "번뇌 망상 없어진 곳 그 자리가 극락이다."라는 말씀이 있다.

우리가 진정으로 행복하면 아무런 생각도 일어나지 않는다. 더 이상 바랄 것도 없고, 싫은 것도 없으며, 미운 사람도, 좋은 사람도 없다. 그냥 다 좋은 것이다. 그래서 좋다고 말할 것도 없다. 이를 보면 행복은 무념무상이며, 깨달음이고. 진리이며, 알아차림임을 알 수 있을 것이다.

"좋은 것이 있으므로 싫은 것이 있고, 사랑하는 사람이 있으므로 미운 사람도 있다."라고 하는 말은 상대적인 관점에서 본 것 같지만 잘 살펴보면 모든 것이 하나라는 뜻이 들어있다.

예를 들어 "사랑하는 사람이 있기 때문에 미운 사람이 있다."라는 말은 "사랑하는 사람이 없으면 미운 사람도 없다."라는 말도 된다. 그렇다면 사랑하는 사람과 미운 사람은 마치 한 몸에 달려있는 오른 팔, 왼 팔과 같을 것이다. 그런데 오른팔과 왼팔은 둘 다 한 몸이다.

이렇게 진리는 상대적인 관점에서 벗어나 있으므로 분별하지 않는다. 그래서 깨달은 성인들은 좋은 것과 싫은 것을 모두 놓아버리고 모든 사람들을 평등하게 대하는 것이다.

이 말의 뜻은 삼조승찬스님이 신심명에서 "도道에 이르기는 어렵지 않다. 오직 간택심만 꺼릴 뿐이니, 미워하거나 사랑하지 않으면 툭 터이어 명백하니라."라고 하신 말씀에서 잘 나타나 있다.

생각으로 헤아리는 것은 상대적인 관점에서 보는 것이므로 서로 다름에서 출발한다. 이럴 때 투쟁과 질투와 탐욕심이 일어나 괴로워진다. 하지만 생각을 믿지 않을 때 즉 알아차림으로 모든 것이 하나임을 지켜볼 때 마음은 고요해지고 지극히 행복해 질 것이다. 이 경지가 바로 극락이 아니겠는가?

 영원한 행복은 생각 너머에 있는 알아차림을 인식할 때 나타난다. 왜냐하면 알아차림 자체가 행복이기 때문이다. 그래서 단지 "밉다. 곱다."라는 분별만 내려놓으면 되지 따로 행복을 찾을 필요가 없다. 상대적인 관점에서 찾는 행복은 진정한 행복이 아니라 단지 생각이 만들어 낸 가상의 행복일 뿐이다. 그래서 그 행복을 성취한다고 해도 조만간 사라져 버릴 것이다.

 여기에서 행복은 외부에서 얻는 것이 아니라 우리의 본성임을 살펴보았다. 그리고 생각을 믿음으로 인해 우리는 실제로 있지 않은 고통을 불러드린다는 점도 유추해 보았다.

사성제四聖諦 : 네 가지 성스러운 진리

　불교의 목적은 "이고득락離苦得樂(고통을 여의고 즐거움을 얻는다)"이다. 이는 괴로움을 수행으로 삼는 것이 아니라 괴로움에서 벗어나는 것으로 수행을 삼는다는 뜻이다. 그리고 여기에서 말하는 즐거움은 순간적인 쾌락이 아니고 영원한 행복인 열반이다.

　고통의 원인과 벗어나는 법은 부처님의 최초설법인 "사성제四聖諦(네 가지 성스러운 진리)"에서 잘 드러나 있다. 그리고 사성제는 고집멸도苦集滅道 네 가지로 이루어져 있다.

중생이 겪는 고통의 원인은 번뇌가 쌓여 이루어진 집착이다. 그리고 팔정도八正道(여덟 가지 바른 길)를 실천하여 집착을 내려놓으면 영원한 행복인 열반에 이를 수 있다는 가르침이 사성제이다. 이제부터 사성제의 이치를 이해함으로써 고통을 내려놓고 영원한 행복을 찾아서 여행을 떠나 보자.

1. 고苦 : 괴로움

인간이 느끼는 괴로움은 수없이 많지만 그 중에서 가장 기본적인 고통은 팔고八苦 즉 여덟 가지 괴로움이다. 먼저 몸에 대한 집착에서 오는 네 가지 괴로움인 생로병사生老病死가 있다.

그리고 정신적 측면에서 오는 네 가지 괴로움인 애별리고愛別離苦(사랑하는 이와 이별하는 괴로움), 원증회고怨憎會苦(원수와 만나는 괴로움), 구부득고求不得苦(구하는 것을 얻지 못하는 괴로움), 오음성고五陰盛苦(몸과 마음의 작용이 치성하게 일어나는 괴로움)가 있다.

여기에서 여덟 가지 괴로움의 실체와 거기에서 벗어나는 방법에 대해 간략하게 말해 보겠다.

① 생로병사生老病死:생로병사의 네 가지 괴로움

몸을 가진 모든 생명체는 생로병사生老病死 즉 태어나서 늙고 병들어 죽는다. 이는 몸을 가진 중생들의 피할 수 없는 괴로움이다. 하지만 몸이 무엇인지 알고 집착을 내려놓으면 이 괴로움에서 벗어날 수 있다.

중생들이 짓는 모든 행위를 업業이라고 하며, 업에는 세 가지가 있다. 이는 몸으로 짓는 행동인 신업身業, 입으로 짓는 말인 구업口業, 마음으로 짓는 생각인 의업意業이다. 그리고 이를 신구의삼업身口意三業이라고 한다.

우리가 짓는 모든 행위가 아뢰야식 즉 잠재의식(무의식)에 저장되고 이것이 종자가 되어 몸과 세상이 만들어 지므로 몸과 세상은 잠재의식이 지어낸 것이다. 그리고 잠재의식에 저장된 생각을 업業이라고 말한다.

 모든 사람은 이번 생에 처음 태어난 것이 아니다. 왜냐하면 이들은 수많은 생을 거치면서 몸을 바꾸어가며 윤회하고 있기 때문이다. 그래서 그들이 지은 행위나 생각들이 헤아릴 수 없이 많으며 또 끊임없이 변하고 있다. 그리고 잠재의식에 저장된 정보의 양도 엄청나게 많다.

 이런 연유로 업에 따라 생겨난 몸과 그들이 사는 세상 또한 복잡 다양하기 이를 데 없다. 이는 중생들의 생김새나 성격, 운명, 환경 등 모든 것이 각자가 지은 업에 따라 모두 다르게 형성되기 때문이다.

 여기에서 자신의 생김새나 성격 등은 모두 자기가 지은 것임을 이해했을 것이다. 그렇지만 이러한 이치를 모르는 사람들은 자신의 부족함을 부모 탓이나 남 탓으로 돌리지만 이는 진실을 모르는 무지에서 나온 생각이다.

 사람들의 생김새나 성격 등은 태어난 이후의 배움과 경험을 통해 형성되는 부분도 있지만 기본적인 바탕은 전생에 지은 업에 의해 결정된다. 이는 이생에 지은 업과 전생의 업이 합해져서 다음 생에 태어날 종자가 된다는 말이기도 하다. 이러한 연유로 태어나고 죽는 일을 끝없이 되풀이하게 되는데 이를 윤회輪廻라고 한다.

 잘 살펴보면 몸은 끊임없이 변하고 있다. 그래서 "이것이 내 몸이다."라고 부를 정해진 모습은 없다. '이것이 내 몸이다.' 라고 결정하는 순간 그 즉시 몸은 변해버리기 때문이다. 이는 단지 내 몸이라는 집착만 있을 뿐 실재하는 내 몸은 없다는 말이다.

 몸뿐만 아니라 이 세상에 존재하는 모든 형상은 다 변화의 과정에 있으며 정해진 모습이 없다. 그래서 지금 우리가 보고 있는 형상들은 실재하는 모습이 아니라 허상이다. 만약 "실제로 있다."라고 주장하려고 한다면 정해진 모습이 있어야 할 것이다.

그렇다면 몸이 받는 생로병사 또한 허상임을 알 수 있을 것이다, 이 이치를 알고 몸에 대한 집착을 내려놓으면 생로병사의 고통에서 벗어날 수 있다.

여기에서 '만약 몸이 내가 아니라면 진정한 나는 무엇인가?' 라는 의문이 일어날 것이다. 이 문제를 해결하기 위해서 우리는 지켜보는 자 즉 알아차리고 있는 자에 관심을 가져야 한다. 알아차리지 못하면 몸과 마음과 세상은 존재할 수 없기 때문이다.

알아차림으로 인해서 나와 세상이 존재한다면 진정한 나와 세상의 본체는 알아차림임을 알 수 있을 것이다. 하지만 이 알아차림을 인식하기 위해서는 많은 노력을 해야 한다.

사람들은 수많은 세월동안 '몸이 나'라는 믿음 속에서 살아왔다. 그래서 그 믿음에서 벗어나는 데는 오랜 수행이 필요하다. 그렇지만 지금 당장 "몸이 나라는 믿음"을 내려놓을 수만 있다면 그는 이 자리에서 바로 '내가 누구인지' 깨달을 수 있을 것이다.

② 애별리고愛別離苦 : 사랑하는 사람과 헤어지는 괴로움

연인 뿐 아니라 부모, 형제, 친구 등 자신이 좋아하는 모든 이들이 다 사랑하는 사람이 될 수 있다. 하지만 대체적으로 사랑이라 함은 남녀 간의 사랑을 말하는데 이는 가장 애착이 강하고 질기기 때문이다.

철학자 쇼펜하우어는 "사랑은 성욕이다."라고 말했다. '과연 성욕이 없다면 남녀 간에 사랑이 싹틀 수 있을까?' 생각해보니 그럴 수 없을 것 같다.

또 사랑을 강한 집착이라고도 하는데 이도 역시 맞는 말

이다. 그러나 집착하게 되면 상대를 구속하고 자신 역시 제한된 삶을 살게 된다. 이러한 사랑을 유지하기 위해서는 서로가 많은 것을 포기하고 또 포기하게 만들어야 되기 때문이다.

 만약 성욕이 없다면 남녀 간의 만남이 친구 이상으로 발전하기 어려울 것이다. 그것도 별 재미없는 친구 사이로 말이다. 하여튼 이 집착으로 인해서 소유욕이 생기고 사랑하는 대상이 자기만 바라보길 원하며 심지어 상대방을 자기 뜻대로 움직이려고 하는 사람도 있다.

 그리고 사랑하는 사람이 자신을 떠나면 큰 배신감에 사로 잡혀 원망하기도 하며, 헤어지는 것이 아쉬워 고통스러워하기도 한다. 이 모두가 집착에서 오는 괴로움이다. 이런 연유로 사랑하는 사람과 이별하는 괴로움이 팔고 중에 하나가 되었다.

 가만히 생각해보면 이것은 잘못된 사랑이다. 진정한 사랑은 상대방의 있는 그대로를 받아주고 자유롭게 해주는 것이지 구속하는 것이 아니기 때문이다.

 하지만 이성보다 감정이 앞서는 사람은 바른 생각을 하기 어렵다. 이 때문에 많은 사람들이 집착된 욕구에 떨어져 있으면서도 이 감정을 사랑이라고 믿는다. 그리고 사랑이라는 미명아래 상대방과 자신을 구속하고 있다.

 이는 남녀 모두에게 해당되는 말이지 어느 한 쪽만의 문제가 아니다. 그런데 이러한 이치를 알고 진정한 사랑을 한다면 자신을 떠나는 사람을 위해 행복을 빌어주면서 기꺼이 보내 줄 수 있을 것이다.

 만약 사랑하는 사람을 편안한 마음으로 보낼 수 있다면 이는 집착을 버린 자유로운 사람이다. 사랑에 집착하면 헤어질 때 괴롭겠지만 사랑하면서도 집착하지 않는 사람은 더 이상 상처를 받지 않는다.

그리고 집착이 사라지면 다른 인간관계에서 오는 모든 괴로움에서도 벗어나게 된다. 아마도 이는 아주 높은 단계일 것이다.

여기에서 우리는 사랑하는 사람과 이별하는 괴로움이 집착에서 온다는 사실과 많은 사람들이 집착을 사랑으로 오인하는 상태에 있음을 알아보았다.

누구든지 사랑을 하면 지극히 행복해진다. 그래서 사랑하는 사람이 되어야 한다. 그런데 사랑한다는 명목으로 상대방을 구속하려 든다면 그때부터 사랑은 변질되어 자신이 원하는 것을 얻기 위한 거래가 되어 버린다.

그리고 거래는 사랑이 아니라 욕심이다. "내가 이만큼 사랑해 줬으니 당신도 내게 잘해야지."라고 요구하면서 다툼이 시작될 것이다. 이러한 행위를 어떻게 사랑이라고 부를 수 있겠는가?

사랑은 하는 것이지, 받는 것이 아님을 알면 당신은 진정으로 사랑할 줄 아는 행복한 사람이 되고 마음 또한 청정해질 것이다.

그런데 많은 사람들이 사랑을 받으면 행복할 것이라고 믿는다. 그리고 이 믿음 때문에 그는 사랑받기 위해서 사랑을 한다. 하지만 대가를 바라는 사랑은 진실한 사랑이 아니라 탐욕일 뿐이다.

그래서 사랑받으려는 마음이 강하면 강할수록 실망과 미움도 커질 수밖에 없다. 왜냐하면 욕심의 그릇이 너무 커서 다 채울 수 없기 때문이다.

물론 사랑을 받으면 약간의 행복감을 느끼기도 한다. 하지만 상대방이 자신이 원하는 것을 충족시켜주지 못할 때 그 작은 행복은 봄눈 녹듯 사라져버리고 어느새 괴로움이 그 빈자리를 차지하고 말 것이다.

설사 누군가가 나를 사랑하더라도 내가 사랑하는 사람이 아니라면 나는 그 사랑을 통해 행복하지 않을 것이다. 여기에서 우리는 사랑은 하는 것이지 받는 것이 아님을 유추해 보았다.

그리고 사랑하는 사람에게는 무엇을 주어도 아깝지 않다. 이럴 때 전체에서 분리된 나라는 생각 즉 아상我相이 무너져 내리고 그를 위한 모든 행위에서 지극한 행복을 느끼게 된다.

이러한 경지는 경험을 해본 사람만이 알 수 있는 매우 큰 행복이다. 하지만 대부분의 사람들은 이런 행복을 느껴도 한 순간에 그치고 마는데 이는 다시 예전의 패턴으로 돌아가 "너는 너, 나는 나"라는 분별이 일어나 진리에서 멀어져 버리기 때문이다.

헤어짐이 괴로운 사랑은 소유욕이 있는 범부의 사랑이고, 떠나가는 사람의 등 뒤에서 행복을 빌어주는 사랑은 아집에서 벗어난 어머니의 사랑이다. 그래서 사랑하는 사람과 헤어지는 괴로움은 진정한 사랑을 할 때 벗어나게 되는 것이다.

여기에서 땅에서 넘어진 사람이 땅을 짚고 일어나야 하듯이 사랑 때문에 괴로워하는 사람은 진정한 사랑을 통해 괴로움에서 벗어날 수 있다는 것을 깊이 명상해 보자.

불교는 우리에게 범부의 경계를 넘어 성인이 되길 바라는 것처럼 보인다. 그래서 너무 어렵게 여겨질 수도 있다. 하지만 진실을 보라는 말이지 무엇을 얻으라는 것이 아님을 알아야 한다. 다시 말해서 진실을 보지 못하면 괴로움에서 벗어날 길이 없기 때문이다.

진실을 보기 위해서는 '몸과 마음이 나라는 믿음' 즉 아상(에고)을 버리고 그 너머에 있는 '지켜보는 자 즉 알아차림'을 인식해야 한다.

그리고 지켜보는 자는 너와 나를 분리하지 않고 모든 것을 다 받아드린다. 이는 너와 내가 하나의 알아차림이라는 진리를 말해 준다. 불교에서는 이를 자타불이自他不二(자신과 타인이 둘이 아님)라고 말하고 있다. 이 이치를 실행하는 것이 바로 진정한 사랑이다.

③ 원증회고怨憎會苦: 원수와 만나는 괴로움

원수는 사랑하는 사람과 반대편에 있는 것 같지만 사랑에 대한 집착은 다르지 않다. 그래서 둘로 나눌 수 없다. 왜냐하면 사랑하는 사람이 있으므로 미워하는 사람도 있기 때문이다. 만약 사랑하는 사람이 없다면 미워하는 사람도 없을 것이다.

아무 관심도 없는 남을 미워하는 사람은 없다. 왜냐하면 특별한 경우를 제외하고는 미움은 가까운 사람과의 관계 속에서 생겨나기 때문이다. 대부분 가까운 사람들이 자신의 편에 설 것이라고 믿는다. 그리고 그 믿음에 반하는 행동을 하면 미워하게 된다.

 예를 들어 "내가 너에게 얼마나 잘해 줬는데 나한테 이럴 수가 있어."라고 말한다면 이 사람은 남에게 보답을 바라고 베푼 것이다. 그래서 이 말은 보답심리가 진리에 어긋나는 줄 모르는 어리석음에서 나온 것이다.

 진리의 입장에서 보면 너와 내가 둘이 아니며 정해진 내 것은 없다. 그런데 이 이치를 모르고 너와 나는 분리되어 있고 또 내 것과 네 것이 따로 있다고 믿는다. 그래서 준 것에 대한 보답을 바라고 대가를 받지 못하면 미워하게 된다.

 남을 도와주고도 뒤끝이 없으면 자신에게 큰 복이 될 터인데, 대가를 바라는 마음 때문에 괴로워지는 것이다. 이를 보면 같은 행동을 하더라도 어떻게 생각하느냐에 따라 행복할 수도, 불행할 수도 있음을 알 수 있다.

 성격이 급해서 화를 자주 내는 사람이 "나는 원래 급한 성격을 가지고 태어났어. 그래서 바꿀 수 없어."라고 말한다면 이 사람은 결코 바뀌지 않을 것이다. 왜냐하면 이 사람은 '바꿀 수 없다.'고 스스로 한계를 그어버렸기 때문이다.

 그래서 가까운 사람들이 그를 피하게 되고, 이 사람도 이들을 미워하게 되어 마침내 서로 만나는 것이 괴롭게 된다. 이러한 괴로움은 미움이 단지 생각일 뿐이라는 것을 또 자신에게 생각을 바꿀 수 있는 힘이 있다는 것을 모르는 어리석음에서 생겨난 것이다.

 급한 성격은 과거 오랜 세월 동안 익혀온 습관이므로 원래부터 존재한 것이 아니다. 그런데 이 습관을 자신의 본성이라서 고칠 수 없다고 믿는 사람들이 있다. 하지만 습관은 본성이 아니고 고정된 것도 아니므로 얼마든지 바꿀 수 있다. 단지 스스로 '바꾸겠다.'는 의지가 없어서 혹은 의지가 약해서 못 바꿀 뿐이다.

 많은 이들이 미워하는 사람을 스스로 만들어 놓고 그와의 만남을 괴로워하고 있다. 그래서 이 괴로움에서 벗어나기 위해서는 상대가 내 마음의 모습임을 알아야 한다. 만약 미운 사람이 나의 부정적인 생각이 그려낸 모습임을 알아차릴 수 있다면 이 미움은 사라질 수밖에 없을 것이다.

 그러므로 어떠한 판단도 내리지 말고 단지 지켜보는 마음으로 사람을 상대해야 한다. 알아차림이 전면에 나서면 원수는 사라져 버릴 것이다. 왜냐하면 알아차림은 미움과 사랑 등 일체 분별을 하지 않기 때문이다.

 혹 길을 가다가 아무 이유 없이 남에게 모욕을 당했을 때 심할 굴욕감을 느낄 것이다. 하지만 이 괴로움 역시 내가 불러들인 것이다. 언제인지는 모르지만 남을 괴롭힌 행위가 원인이 되어 다시 내게로 되돌아 온 것이기 때문이다. 이는 이미 내 마음속에 만들어져 있던 씨앗이 발아되어 현실로 나타났을 뿐이다.

 이러한 점에서 유추해보면 이유 없이 남에게 당한 것처럼 보이는 일이 얼핏 보면 나쁜 것 같지만 사실은 그렇지 않다. 왜냐하면 과거의 빚을 청산할 기회가 생겼기 때문이다.

그런데 이보다 더 근본적인 관점에서 유추해보자. 몸과 마음이 진정한 내가 아니라면 욕먹고 칭찬받는 일에 무엇 때문에 반응하리오.

여기에서 원수를 만나는 괴로움은 자기 마음이 지은 것이지 외부에서 온 것이 아님을 알아보았다. 일체 모든 것이 다 마음이 지어낸 환이기 때문에 본래부터 나와 분리된 타인은 없다. 만약 이 불이법不二法(둘이 아닌 법)의 이치를 알게 되면 원수를 만나는 괴로움에서 벗어날 수 있을 것이다.

그런데 너무 미워서 도저히 용서할 수 없는 사람이 있다면 어떻게 해야 할까? 이런 경우는 어떤 말을 들어도, 어떤 생각을 해도 도움이 되지 않을 것이다.

이럴 때 미운 마음을 억지로 누른다면 일시적으로 편안해

질 수는 있다. 하지만 그것이 잠재의식 속에 깊이 들어가서 병의 원인이 되거나 미래에 더욱 큰 괴로움으로 나타나게 된다.

그래서 먼저 미워하는 마음을 따르거나 거부하지 말고 단지 바라보고만 있어 보자.

생각으로 바꿀 수 없는 감정을 생각으로 해결하려고 하면 부작용만 부를 것이다. 이런 경우는 알아차림인 진정한 나에게 맡겨두고 자신의 생각을 개입시키지 말고 그대로 지켜보고만 있으면 된다.

그러면 진정한 나이자. 우주에너지인 알아차림이 알아서 해결해 줄 것이다. 생각은 아상에서 나오므로 한계가 있다. 하지만 알아차림인 참 나는 생각을 넘어선 지혜이기 때문에 한계가 없다. 그래서 믿고 맡겨 두면 모든 문제가 다 해결될 것이다.

사실 남을 미워하는 것은 나를 미워하는 것과 다르지 않다. 왜냐하면 남을 미워하면 먼저 내가 괴로워지기 때문이다. 그래서 자신의 행복을 위해서라도 남을 미워하는 문제는 반드시 해결해야 한다. 그 답은 알아차림이다.

④ 구부득고求不得苦 : 구하는 것을 얻지 못하는 괴로움

모든 사람들이 행복을 추구하고 있다. 돈 명예 사랑 깨달음 등 각자 원하는 것은 다르겠지만 '이것만 얻으면 나는 행복할 수 있어.' 라는 생각으로 구하는 마음을 쉬지 않는다.

하지만 구하는 것을 얻는 사람은 드물다. 이 사실은 지금까지 '내가 원하는 것을 얼마나 성취했는가?'를 돌아보면 알 수 있을 것이다.

설사 구하는 것을 얻었다고 하더라도 그 기쁨은 잠시뿐이다. 그리고 또 다른 것을 욕심내기 때문에 여전히 구하는

것을 얻지 못하는 괴로움에서 벗어나지 못한다.

또 구하는 방향이 잘못 설정되어 얻지 못하는 경우도 있다. 예를 들어 어떤 사람이 '미래에는 꼭 부자가 될 거야.'라고 결심하여, 오랫동안 노력했는데도 부자가 되지 못했다면 그의 실망은 매우 클 것이다. 하지만 이는 잘못된 생각이다. 왜냐하면 이 사람은 이미 목적을 이루었기 때문이다.

이 사람은 원하는 것을 미래에서 찾았다. 미래는 만날 수 없는 시간 즉 생각 속에서만 존재하는 환영이다. 그래서 미래에 성취될 것이라는 결과는 이미 이루어져서 생각 속에 존재하고 있다. 만약 그가 '나는 지금 참 풍요롭다.' 라는 느낌을 지니고 부자의 마음으로 넉넉하게 살았더라면 아마도 지금 이미 얻어서 누리고 있을 것이다.

대부분의 사람들은 긍정보다 부정적인 성향이 훨씬 강하다. 그래서 '이미 이루어져 있다.' 라고 생각하려해도 잘 되지 않는다. 왜냐하면 마음속에서 '아니야. 될 수 없어.' 라는 등 의심이나 불안한 생각이 일어나 소원이 이루어지는 것을 방해하고 있기 때문이다.

 이럴 때는 먼저 이 부정적인 생각들이 망상임을 알아차려야 한다. 그리고 오면 오는 대로, 가면 가는 대로 내 버려두고 단지 바라보고만 있으면 된다. 왜냐하면 알아차림인 마음의 본체는 판단하지 않기 때문이다. 그래서 허상이며 분별작용인 부정적인 생각들은 알아차리는 즉시 사라질 수밖에 없다.

 그리고 알아차림 명상을 계속하다보면 망상의 세력이 약해지면서 마음은 점점 청정해진다. 그래서 원하는 마음이 의심보다 세력이 강해질 때 자신의 소원은 쉽게 이루어질 것이다. 왜냐하면 마음이 청정한 사람은 오직 원하는 생각 하나만 있고 일체 의심이 일어나지 않기 때문이다.

 부정적인 생각은 불행을, 긍정적인 생각은 행복을 불러

드린다. 그러므로 우리는 알아차림의 관법수행으로 무의식적으로 일어나는 모든 부정적인 생각을 내려놓아야 한다. 이 때 '구하는 것을 얻지 못하는 괴로움'에서 완전히 벗어날 수 있을 것이다.

지장보살의 대원, 관세음보살의 10대원, 아미타불의 48대원 등 모든 성인들은 간절한 원을 세우셨다. 원을 세우면 길이 나타나고 그 길을 따라가면 원을 성취하기 때문이다.

또 간절한 원을 세우면 오직 소원 하나만 남고 모든 망상들은 사라져 버리므로 원하는 하나에 집중할 수 있다. 그래서 그 원은 반드시 이루어지는 것이다.

⑤ 오음성고五陰盛苦:몸과 마음의 작용이 치성하게 일어나는 괴로움

오음五陰은 오온五蘊이라고도 하는데 색色(몸) 수受(느낌) 상想(상상) 행行(의지) 식識(분별)이다. 그리고 색色은 몸, 수상

행식受想行識은 마음작용이다.

 이는 모두 잠재의식에 저장된 프로그램에 의지하여 생겨나고 작동한다. 그래서 오음성고는 가만히 있어도 자동적으로 일어나는 현상이다.

 사람은 혼자 있어도 답답해서 어딘가로 가고 싶고, 외로워서 누군가가 보고 싶으며, 갑자기 짜증이 나기도, 자신을 비하하기도, 괴로워하기도 한다. 이것이 오음성고다. 먼저 오음五陰에 대해 간략히 풀이해 보겠다.

 ⓐ 색色:몸

 색色인 몸은 잠재의식에 의해 만들어진 것이다. 그래서 선인이 말씀하시길 "업業으로 받은 몸."이라고 하셨다. 과거에 지은 모든 업業이 저장된 곳이 잠재의식이므로 이를 업장業藏이라고도 한다.

그리고 몸이 있으면 생로병사의 괴로움이 따르며 그 과정에서 때론 아프기도 하고, 배가 고프거나, 힘들거나, 지치기도 한다, 물론 상쾌하거나 편안함을 느낄 때도 있을 것이다.

이는 몸과 마음이 하나이기 때문에 일어나는 현상이다. 마음이 없으면 몸의 감각을 느끼지 못하기 때문에 몸과 마음을 떼어놓고 설명하기는 어렵다.

몸에 대한 집착에서 오는 괴로움 중 특히 죽음에 대한 괴로움은 '몸이 나라는 믿음'에서 오는 것이다. 그래서 몸에 대한 집착이 강할수록 괴로움도 커진다. 만약 몸을 보되 '마음이 그려낸 허상'인 줄 알면 즉 몸이 내가 아님을 알면 몸에서 일어나는 모든 고통에서 벗어날 수 있을 것이다.

몸이 허망한 이치는 [금강경]에서 "존재하는 모든 형상은 허망하니 만약 모든 형상이 형상 아님을 보면 여래(진리)를 보리라."라고 말씀하신 뜻을 음미해 보면 잘 알 수 있다.

몸을 포함한 모든 형상은 마음의 이미지일 뿐 실체가 아니다. 만약 몸이 실체라면 정해진 모습이 있어야 할 것이다. 그러나 한 순간도 쉬지 않고 변하는 몸은 정해진 모습이 없다.

어머니 뱃속에 있을 때, 어릴 때, 젊었을 때, 늙었을 때 아니면 죽고 난 뒤의 모습, 그 가운데 어떤 것이 나의 몸인가?

몸은 지수화풍地水火風(흙, 물, 불, 바람)이 모여 이루어져 있으나 이 네 가지를 이루는 근본은 우주에너지이다. 이 에너지는 생명체의 마음을 인식할 수 있으며 그 인식에 따라 물질화된다. 그래서 형상은 언제든지 변할 수 있지만 근본인 인식작용 즉 알아차림은 변하지 않는다.

불교에서는 "모든 것은 인연이 모이면 생겼다가 인연이 다하면 사라진다."라고 말한다. 이 인연은 망상의 인연이다. 즉 생각 따라 현실이 나타난다는 말이다. 여기에서 모든 물질과 생각은 동일한 우주에너지로 형성된 것임을 이해해야 한다.

이러한 이치는 [반야심경]에서 "색(물질)이 공(진리)과 다르지 않고, 공은 색과 다르지 않으니, 색이 곧 공이요. 공이 곧 색이다."라고 하신 말씀과도 일치하고 있다.

그리고 생각하는 마음은 한계를 지닌 분별의식이므로 무한한 진리를 알지 못한다. 왜냐하면 사람들이 보고 느끼는 한계가 광대한 우주에 비하면 너무나 협소하여 그들이 하는 생각 역시 조잡할 수밖에 없기 때문이다.

그래서 심사숙고하여 몸을 실체라고 말한다 해도 그 말은 당신의 생각일 뿐 진리가 될 수 없다. 무한한 진리이며 참나인 여래는 생각 너머에 있는 반야지혜 즉 알아차림으로 볼 수 있지 생각으로는 알아낼 수 없기 때문이다.

왜냐하면 단지 바라보는 알아차림은 고정관념이 없어서

분별하지 않는다. 그래서 있는 그대로의 모습인 진리를 볼 수 있다. 이 때 대상을 보는 것이 아니라 자기가 자기를 보는 것이다. 왜냐하면 온 우주가 다 자신의 모습이기 때문이다.

여기에서 생각의 한계가 드러난다. 생각은 모든 것을 상대적 관점에서 파악하므로 자신의 참 모습을 볼 수 없다. 만약 자기를 본다고 하여도 대상화 시켜놓고 본 것이므로 이미 생각으로 조작되어 있다. 그래서 생각으로 파악한 나는 진정한 나가 아니다.

진리 즉 진실한 자기를 보려면 먼저 생각을 내려놓아야 한다. 또 그러기 위해서는 생각을 믿지 않아야 한다. 생각을 믿지 않는 것이 생각을 내려놓는 것이기 때문이다. 그리고 생각을 내려놓았을 때 알아차림만이 홀로 빛날 것이다.

ⓑ 수受:느낌

수受(느낌)는 세 가지로 요약되는데 낙수樂受(즐거운 느낌), 고수苦受(괴로운 느낌) 불고불낙수不苦不樂受(즐겁지도 괴롭지도 않은 느낌)이다. 이는 사물을 인식할 때 처음으로 일어나는 단순한 느낌 즉 감정을 말한다.

수受는 오감을 통해 들어오는 감각 즉 눈으로 보는 형상, 귀로 듣는 소리, 코로 맡는 냄새, 혀로 느끼는 맛, 몸으로 느끼는 감촉 등을 마음이 분별하는 것이다. 또 자기가 상상한 이미지를 보고 기분이 좋아지기도 나빠지기도 한다.

잠재의식에 축적된 정보 즉 업에 따라 사람마다 좋아하고 싫어하는 것이 다르지만 괴로운 느낌을 피할 수 없다. 왜냐하면 사람들은 대부분 괴로운 느낌을 만들어내는 부정적인 생각들을 많이 저장해 놓았기 때문이다.

느낌이 밖에서 오는 것처럼 보이지만 사실 분별하는 마음에서 온다. 그래서 마음이 바뀌면 느낌도 달라진다. 그리고 마음을 비워 분별이 사라지면 좋음과 싫음을 떠나 세상을 완전히 다른 차원에서 보게 된다.

 잠재의식에 저장된 정보에 의해서 몸과 마음이 생성되고, 몸과 마음이 나라는 믿음에서 좋고 나쁨의 분별이 일어난다. 그래서 몸과 마음이 나라는 믿음을 내려놓으면 분별이 사라지고 편안해 질 수 있을 것이다.

 몸과 마음은 참나가 세상을 알아차리기 위한 도구에 불과하다. 그래서 이 둘이 주인이 되게 해서는 안 된다. 왜냐하면 생각하는 마음은 한계가 있어서 항상 치우친 판단을 내리기 때문이다. 그러니 어찌 이것을 주인으로 삼을 수 있겠는가?

 그러나 참 나인 알아차림 즉 반야는 단지 바라볼 뿐 판단하지 않으므로 있는 그대로를 볼 수 있다. 그리고 알아차림은 텅 비어 어떤 모양도 없으므로 모든 형상을 다 받아드리고 거부하지 않는다.

여기에서 있는 그대로 보는 것을 지혜라 하고, 모든 것을 포용하는 마음을 자비라고 한다. 그래서 우리는 이 알아차림이 전면에 나서도록 해야 하며 이를 성취한 사람을 성인이라고 부른다.

그러나 어느 순간 무한한 지혜인 알아차림이 몸속에 들어가 그 앎이 축소되고 왜곡되었다. 그리고 몸을 나라고 집착하여 몸밖에 있는 모든 대상을 자신과 분리된 것으로 믿게 되었다. 이것이 어리석음의 시작이고 중생이 나타난 원인이다.

몸, 생각, 그리고 세상은 모두 알아차림인 우주에너지로 이루어진 것이므로 둘이 될 수 없다. 그런데 몸이 나라는 믿음이 세상과 나를 분리시켜 탐욕과 분노와 어리석음이 생겨나게 된 것이다.

알아차림은 어리석음이나 지혜로움, 선과 악, 사랑과 미움 등 그 어느 것도 가리지 않고 다 받아 드린다. 생각은 좋은 것만 선택하려고 헤아리지만, 알아차림은 선택하지 않는다. 그래서 우주와 그 안에 존재하는 무한한 종류의 생명체와 무생물들이 다함께 공존할 수 있는 것이다.

중생과 성인의 본체는 동일하지만 알아차림을 인식하면 성인이 되고, 생각을 믿으면 중생이 된다. 그러므로 진정한 수행자는 생각을 흘려보내고 알아차림을 인식하는 것으로 수행을 삼는다.

그러나 많은 사람들이 이치를 이해하지 못하고 있다. 왜냐하면 이들은 생각을 믿고 의지하며 살아가기 때문이다. 그리고 이 생각들은 모두 잠재의식에 저장되어 몸과 마음과 세상을 지어내는 종자가 된다. 그래서 몸과 세상은 잠재의식이 만들어낸 꿈에 불과하다. 이러한 연유로 생각을 믿지 말라고 하는 것이다.

규봉선사도 [금강경오가해]에서 "생각을 믿지 않는 것이 진리를 믿는 것이다."라고 말씀하셨다. 이는 생각을 내려놓으면 우리의 앎이 왜곡되지 않기 때문이다.

 잘 살펴보면 생각하는 마음을 바라보고 있는 존재가 있다. 만약 바라보는 존재가 없다면 생각이 일어나는 줄 어떻게 알겠는가?

 여기에서 우리는 바라보는 마음인 알아차림이 참 나임을 알 수 있을 것이다. 앞에서도 말했지만 알아차림이 없으면 나와 우주는 존재할 수 없다. 누군가가 아무리 존재한다고 우겨도 어떻게 알아차리지 못하는 것을 존재한다고 말할 수 있겠는가?

 그런데 생각은 내부에 있는 근본에는 관심이 없고, 외부에 있는 물질이나 지식에만 신경을 쓴다. 그래서 생각을 내려놓아야 하는 것이다. 그렇게 하여야 내부에 존재하는 알아차림인 참 나가 드러나기 때문이다.

 모든 고통은 몸과 마음이 나라는 믿음에서 온다. 그래서 이 믿음을 내려놓지 못하면 끝없는 윤회의 사슬에서 벗어날 수 없다.

 우리는 흔히 우주 속에 세상이 있고, 세상 속에 몸이 있으며, 몸속에 마음이 있다고 생각하지만 사실은 그렇지 않다. 왜냐하면 알아차림 속에 우주와 세상과 몸과 마음이 다 들어있기 때문이다. 앞에서 누차 말씀드렸지만 "알아차리지 못하면 우주와 나는 어디에 있는가?

 ⓒ 상想:상상

 우리는 좋은 일, 궂은 일, 좋은 사람, 싫은 사람, 행복, 불행, 과거, 미래, 부유함, 가난함 등을 가리지 않고 끊임없이 상상을 한다. 그러고 나서 '아. 나는 이렇게 해야겠구나.'라고 결론을 내린다. 그리고 잠시 후 다시 다른 것이 좋아 보여서 앞에서 내린 결론을 뒤집고 또 다른 상상을 하기 시작한다.

도대체 생각이란 끝없이 나열하기만 할 뿐 결론이 없다. 이는 잠재의식에 저장되어 있는 수많은 기억들이 생각에 영향을 미치고 있기 때문이다. 그래서 우리는 자기가 원하는 것만 상상하도록 의식적으로 노력해야 한다. 비록 상상이 허상일지라도 현실이라는 꿈을 만들어내기 때문이다.

경전에서는 "마음은 한 찰나 사이에 구백 생멸한다."라고 설하지만 우리가 인식하는 것은 그 중에 극히 일부에 불과하다. 왜냐하면 대부분의 생각들이 무의식적으로 일어나기 때문이다.

많은 사람들이 자신이 원하는 것을 상상하지 못하고 무의식적으로 일어나는 생각에 이끌려 다니고 있다. 그래서 과거의 패턴에서 벗어나지 못하고 또 원하는 삶도 살지 못하는 것이다.

그리고 부정적인 성향이 강한 사람은 나쁜 결과를 주로 상상하기 때문에 고통스런 삶을 살게 된다. 예를 들어 "나는 참 운이 없어, 나쁜 인간들이 너무 많아."라고 습관적으로 말하는 사람은 재수 없는 일과 나쁜 사람들을 많이 만나게 된다는 점이다.

그래서 곁에 있던 친구가 "자네, 좀 긍정적으로 생각해 보게."라고 말하면 그는 "나는 지금 현실을 말하고 있네."라고 우기면서 불평불만만 늘어놓는다.

이 사람은 지금의 현실이 자기 마음이 지어낸 것임을 모르고 있으며 또 알려고 하지도 않는다. 이는 부정적인 프로그램대로 사는 사람의 특징이다.

그러나 우리는 이렇게 살아서는 안 된다. 의식적으로라도 '자기가 원하는 최고의 모습'을 상상해야 한다. 계속해서 상상하면 그 상상은 믿음이 되고 믿음이 확고해지면 현실로 이루어질 수밖에 없기 때문이다.

스피노자는 "내일 지구가 멸망할지라도 나는 오늘 한 그

루의 사과나무를 심을 것이다."라고 말했다. 이 말이 큰 교훈이 되는 것은 부정적인 성향이 전혀 없는 긍정의 이야기이기 때문이다.

이제 우리는 본래 없는 죽음을 떠 올리고 "시간이 없다. 늦었다."라고 말하지 말자. 그리고 희망이 행복이라는 것도 잊지 말자.

앞에서 말했듯이 알아차림 자체인 우리의 생명은 영원하다. 단지 몸과 마음이 나라는 믿음 때문에 죽음이라는 허상에 집착하게 되고 이로 인하여 두려움을 느끼고 부정적인 생각을 하게 되는 것이다.

그래서 이제 몸과 마음이 알아차림의 도구임을 인식하고 죽음은 낡은 도구를 새것으로 교체하는 것임을 알자. 그러면 언제나 평화롭고 여유가 넘칠 것이다. 무엇이 그리 바쁜가?

ⓓ 행行:의지

 전 미국의 대통령 존 케네디가 "사람을 달에 보냈다가 돌아오게 할 수 있는 로켓을 만들려면 무엇이 필요합니까?"라고 로켓전문가 폰 브라운에게 물었다. 그러자 브라운은 "해내겠다는 의지입니다."라고 짧게 대답했다. 그 말을 들은 케네디는 더 이상 묻지 않고 바로 "일을 시작하겠다."라는 발표를 했다고 한다.

 해내겠다는 의지가 확고하면 원하는 한 생각에 집중하게 되므로 저절로 행동으로 나타나게 된다. 이는 마지못해서 하는 것이 아니라 하지 않고서는 못 견디는 그런 행동이다. 그래서 반드시 원하는 일을 성공시키고야 만다.

 의지력이 강한 사람은 성공으로 가는 방법도 자연스럽게 찾아내고 또 어려운 난관도 기필코 뚫어낸다. 그리고 오직 해내겠다는 한 생각밖에 없다. 그래서 하고자 하는 일에 몰두하며 다른 일엔 일체 관심을 두지 않는다. 반대로 의지력이 약한 사람은 하는 둥 마는 둥 하다가 중간에 포기하고 만다.

그런데 의지력은 원을 세운 사람에게 나타나는 마음이다. 누구나 진심으로 원하는 일이 생기면 해내고자하는 의지는 저절로 일어난다. 그리고 원력이 강하면 강할수록 해내겠다는 의지력 또한 강력해 질 것이다.

만약 지금 '자신이 바라는 삶을 살고 있지 않다.'고 느껴지면 원하는 것이 무엇인지 또 왜 이 일을 해야 하는지 그 이유를 찾아보자. 그리고 성공한 자신의 모습을 상상하고 또 행복과 여유를 느껴보자. 만약 마음속에서 그림이 그려지면 이 그림은 현실이 될 것이다.

그리고 해 내려고 하는 의지가 확고해지면 목표를 이루기 위한 방법은 저절로 떠오르게 된다. 그러니 망설이지 말고 그냥 시작하자. 모든 준비를 다 끝내고 난 뒤에 시작하려 한다면 이번 생에는 어떤 일도 할 수 없을지 모른다.

당신은 부처님의 지혜와 공덕을 갖추고 있는 위대한 존재이다. 그래서 어떤 일도 해낼 수 있다는 사실을 믿어야 한다. 믿으면 믿는 데로 이루어 질 것이다. 왜냐하면 일체는 마음이 지어내기 때문이다.

ⓔ 식識:분별

 몸의 감각과 마음에 떠오른 관념 등을 분별하고 판단내리는 모든 정신적 작용을 식識이라고 한다. 그리고 이 식識은 모두 잠재의식에 저장되어 다음 행위를 일으키는 원인이 된다. 그래서 사람마다 생각이나 판단기준이 다르게 나타나는 것이다.

 어떤 대상을 보고 일으키는 최초의 감정인 수受와 온갖 일을 상상하는 상想과 해내겠다는 의지인 행行 등 모든 마음작용 전체가 다 식에 속한다.

 그리고 식이 분별하고 판단내린 모든 생각들이 전부 잠재의식에 저장되어 현실을 만들어내는 종자가 된다. 이 세상이 복잡다양하게 이루진 것은 모두 자기마음 즉 식識의 모습이 복잡하기 때문이다.

이러한 식은 몸과 마음을 전체와 분리시켜놓고 출발한다. 이것이 아상 즉 나에 대한 집착의 시작이다. 이 출발점부터 잘못되었기 때문에 수없이 분별을 해도 끝나지 않는다. 만약 결론을 내린다고 하더라도 식은 이 결론을 놓아두고 또 다른 분별을 찾아 나설 것이다.

이런 연유로 식의 활동을 멈추지 않는 한 우리는 괴로움에서 벗어나지 못한다. 그래서 행복해지기 위해서는 먼저 생각이 망상인 줄 알고 내려놓아야 한다. 또 그러기 위해서는 우리의 의식을 우주의 본체이자 진정한 나인 알아차림에 두어야 한다. 알아차림이 깊어지면 식은 사라질 수밖에 없다. 왜냐하면 알아차림은 생각 너머에 있는 마음의 본체이기 때문이다.

대부분의 사람들이 자기 의지대로 살지 못하고 잠재의식의 프로그램에 따라 살고 있다. 만약 알아차림이 깊어져 잠재의식의 영향을 받지 않게 된다면 사람으로 태어나지 않거나 혹 태어나더라도 몸과 부모를 자신이 원하는 데로 선택할 수 있을 것이다.

 알아차림이 깊어져 깨어있는 사람은 몸이 사라져도 알아차림을 놓치는 법이 없다. 그래서 자기가 원하는 생각을 약간만 일으켜도 그것이 이루어지게 되는 것이다. 이는 마음이 청정해져서 원을 이루는 데 방해가 되는 부정적인 생각이 일어나지 않기 때문이다.

 이런 사람을 두고 생사를 초월했다고 하며, 윤회에서 벗어난 대자유인이라고 부른다. 설사 죽었다고 온 가족들이 울고 있다 해도 이 모든 것을 알아차리고 있다면 이 사람을 어찌 죽었다고 말할 수 있겠는가?

 모든 생각을 내려놓고 무심으로 돌아가면 이 세상은 행복한 곳이 된다. 고통은 분별하는 마음에서 생겨나지만 알아차림인 참 나는 분별을 떠나 있고 행복 그 자체이기 때문이다. 이 이치는 [유마경]에서 "마음이 청정하면 국토도 청정하다."라고 하신 말씀에서 잘 드러나 있다.

"마음이 청정하다."는 것은 생각이 끊어지고 잠재의식마저 텅 비워져 오로지 알아차림만이 홀로 빛나고 있는 평온한 상태를 말한다.

그리고 텅 빈 고요 속에는 우주창조의 에너지가 가득 차있으며 모든 진실을 볼 수 있는 반야지혜가 비추고 있다. '몸과 생각이 나'라는 믿음을 내려놓아라. 그러면 반야가 드러나서 이 세상이 청정한 국토임을 보게 될 것이다.

2. 집集:번뇌의 쌓임, 집착

"사람은 마음이 깨끗한 상태로 태어나 살아가면서 번뇌를 점차 쌓아간다."라고 말하는 이도 있다. 하지만 이는 잘못된 생각이다. 왜냐하면 사람은 태어날 때부터 수많은 번뇌를 지니고 오기 때문이다.

이러한 이치에서 보면 이미 과거 전생부터 지어온 업이 잠재의식에 쌓여 있으며 또 태어난 후에도 계속 쌓아 감을 알 수 있다.

잠재의식은 오랜 세월에 걸쳐서 쌓아 온 생각의 덩어리이다. 그리고 사람의 몸과 감정과 세계는 바로 이 생각으로 인해 지어진다. 그 뿐만 아니라 부모를 선택하는 것도 바로 이 생각이다.

그래서 이 생각의 덩어리를 업장이라 부르고, 육신을 업으로 받은 몸이라고 한다. 아뢰야식(잠재의식)이 부모를 선택하여 태에 들어가 몸을 지어내는 것이 태어남이다. 그리고 한 세상 살다가 인연이 다 되어 몸을 떠나는 것은 죽음이다.

 죽은 다음 또 다른 부모를 선택하여 다시 태어난다. 이렇게 태어나고 죽기를 반복하는 것이 윤회이다. 태어날 때 지니고 온 업에다가 살아가면서 지은 업이 더해져서 다음생의 부모와 자신의 몸과 성격, 환경 등을 결정하는 것이다.

 이러한 이치에서 보면 죽음은 사라져 없어지는 것이 아님을 알 수 있다. 많은 사람들은 잠재의식에 쌓여있는 생각들을 진실이라 믿고 살아간다. 그 생각이 세상과 나를 분리시킨 결과 정신과 육체적인 괴로움을 끌어당기는 줄도 모른 체.

 또 어떤 이는 생각을 번뇌라고 하지만 잘 살펴보면 모든 생각을 다 번뇌라고 할 수는 없다. 자신을 바른 길로 인도하는 생각들도 일부분 있기 때문이다. 그래서 번뇌는 우리를 어리석게 만들고, 괴로움으로 인도하는 부정적인 생각들로 한정시켜서 보아야 한다.

 이러한 번뇌가 쌓여 집착이 되며, 집착은 괴로움의 원인이다. 그리고 번뇌는 어리석음이 바탕이 되어 일어나는 생각들이다. 그래서 번뇌를 따르면 항상 오판을 하여 괴로움에 빠져들게 된다. 하지만 이러한 이치를 모르는 사람은 자신이 어리석은 줄 모르고 자신의 괴로움을 항상 남 탓으로 돌린다.

 어떤 이는 악한 사람을 사랑하다가 마침내 파국을 맞고 또 사기꾼의 말을 믿고 따르다가 큰 손해를 보기도 한다. 이런 경우를 살펴보면 당하는 사람의 눈에는 그 사람이 좋아 보여서 가까이 한 것이다. 이것이 번뇌의 작용이다.

 그리고 사랑에 빠진 이를 보고 "눈에 콩깍지가 끼였다."라고 말한다. 남이 볼 때는 영 아닌데 이 사람의 눈에는 너무 착하고 예쁘게 보이는 것이다. 이것은 집착의 작용이다.

또 자신의 참 모습을 알지 못하고 늘 '나는 못났어. 하기 싫어.'라는 등 부정적은 생각을 하면서 무기력하게 허송세월을 보내는 사람들도 있다. 이런 사람을 보고 남들은 "멀쩡한 사람이 게으름을 피우고 있다."고 말한다. 하지만 이 역시 잠재의식에 저장된 부정적인 생각에 지배를 당하고 있기 때문에 일어나는 현상이다.

번뇌는 '몸과 마음이 나'라는 생각을 믿음으로써 발생한다. 이는 '전체와 분리된 내가 따로 있다.'는 믿음이다. 이 믿음으로 인해 탐욕과 분노와 어리석음이라는 근본번뇌가 생겨난다. 이를 삼독심三毒心이라고 하는데 이는 사람을 해치는 독과 같은 세 가지 마음을 뜻한다.

이 삼독심으로 말미암아 수많은 번뇌가 일어나지만 셋 중에 특히 근본이 되는 번뇌는 어리석음이다. 그리고 이 어리석음은 '몸과 마음이 나'라는 믿음에서 형성된다.

그래서 남보다 많이 가져야 하고 또 이겨야 하며, 그리고 나를 지키기 위해서 화를 내야 하는 것이다. 전체와 분리된 '내가 있다.'는 이 믿음을 아상 또는 아집이라고 한다.

우리의 고통은 아집我執(나에 대한 집착)으로 인해 시작된다. 그래서 먼저 이 아집부터 소멸시켜야 고통에서 벗어날 수 있다. 그리고 아집을 버리기 위해서는 진정한 내가 누구인가를 알아차려야 할 것이다.

3. 멸滅:번뇌의 소멸. 영원한 행복, 열반

우리의 본체인 알아차림은 이미 완벽한 지혜를 갖추고 고통 없는 행복에 들어있으며 한 번도 우리를 떠난 적이 없다. 그래서 불교에서는 "중생이 본래 부처다."라고 말한다. 그런데 본래 부처가 미혹의 구름에 덮여 중생노릇을 하고 있는 것이 바로 사람이다.

미혹 즉 번뇌 망상은 실제로 있는 것이 아니며 끊임없이 변하는 허상이다. 그래서 우리는 영원한 행복을 찾을 필요가 없다. 단지 번뇌 망상만 내려놓으면 행복은 저절로 드러날 것이다.

이 이치에 대해서 한 선인은 "어떤 사람이 행복을 찾아서 집을 나섰다. 그리고 산 넘고, 물 건너 세상 끝까지 가 보았으나 행복은 찾지 못했다. 오랜 여행에 지치고 피로해진 그가 행복 찾기를 포기하고 집으로 돌아오니 그토록 찾던 행복이 집에서 그를 기다리고 있더라."라는 이야기를 하였다.

여기에서 우리는 행복은 밖에서 찾을 수 있는 것이 아님을 알 수 있다. 왜냐하면 행복은 언제나 나와 함께 있으며 아니 내가 바로 행복 그 자체이기 때문이다. 그래서 모든 수행이나 명상은 번뇌 망상 내려놓는 것을 바탕으로 삼는다. 그리고 생각으로 진리를 찾는 것을 명상이라고 하지 않는다.

이 이치는 [금강경]에서 부처님이 "수보리야! 만약 부처가 '나는 위없는 깨달음을 얻었다.'라고 생각한다면 그는 부처가 아니다."라고 하신 말씀을 보아도 깨달음 즉 행복은 외부에서 얻을 수 없음을 알 수 있을 것이다.

어떤 사람이 "열반에 들어 모든 생각이 없어지고 아무 움직임도 없는 것이 깨달음이며, 고통 없는 행복이다."라고 말한다면, 이는 진리를 바르게 이해한 사람이 아니라 무無(없음)에 집착한 사람이다.

왜냐하면 집착이 있는 사람은 어느 한 생각에 지배당하지만 집착을 벗어난 성자는 무심할 수도 있고, 또 생각을 도구로 사용할 수도 있기 때문이다. 그래서 깨달은 사람을 "있음과 없음"에서 벗어나 오고 감이 자유로운 이라고 하는 것이다.

불보살은 특정한 생각에 매이지 않지만 원하는 생각을 할 줄도 안다. 그래서 마음이 언제나 고요하지만 인연이 되면 중생구제하려는 자비심을 일으키기도 한다.

 이미 깨달음을 이루신 석가모니 부처님도 이 땅에 오시기 전에 천상세계에서 천신들을 가르치고 계셨다. 그러다가 어느 날 지상에서 살아가는 인간들을 보고 탄식하며 말씀하셨다. "기이하고 기이하다! 모든 사람들이 부처의 지혜와 덕성을 갖추고 있건만 자신이 부처인줄 모르고 번뇌 망상의 노예가 되어 중생노릇을 하고 있구나. 내 저들을 다 구제하리라."라는 원을 세우고 마야부인의 뱃속에 들어가 이 땅에 태어나신 것이다.

 소승은 모든 번뇌를 내려놓고 고요 속에 머물러 있는 이를 깨달은 성자라고 부른다. 하지만 대승에서는 깨달음을 이루고 난 뒤에도 중생구제를 쉬지 않는 성자를 불보살이라고 부르고 있다.

 소승을 깨달은 성자는 모든 망상을 버리고 홀로 고요 속에 머물러 있다. 그래서 아직 무無(없음)에 대한 집착이 남아있는 것이다.

 그러나 대승을 깨달은 불보살은 이미 망상을 내려놓았지만 텅 빈 마음에 갖추어진 지혜와 자비로써 항상 중생을 구제하신다. 그래서 유有(있음)에도, 무無(없음)에도 집착하지 않는 중도를 깨달았다고 말한다.

 우리의 본체인 알아차림은 지혜와 자비로 이루어져 있다. 그래서 모든 번뇌 망상을 내려놓고 참 나를 깨달으면 저절로 지혜와 자비의 작용이 일어나게 된다. 이 상태를 영원한 행복 즉 완전한 열반에 들었다고 말하는 것이다. 이를 다른 말로 표현하면 "움직임과 고요함이 둘이 아니다."라고 한다.

 그러나 만약 아무 것도 하지 않는 것을 완전한 열반이라고 한다면 그러한 열반을 얻어서 무엇 하겠는가?

4. 도:팔정도八正道(여덟 가지 바른 길)

여기까지 인생에서 만나는 괴로움인 팔고와 거기에서 벗어나는 이치에 대해 간단하게 설명해 보았다. 이제 부처님이 설하신 여덟 가지 가장 이상적인 삶이며 고통 없는 행복인 열반으로 가는 길 즉 팔정도에 대해 말해 보겠다.

팔정도는 중도행中道行을 말하는데 이는 치우침 없는 생각 그리고 집착 없는 행위를 말한다. 다르게 표현하면 진리의 실천이고 깨달은 이의 삶이다. 왜냐하면 중도中道는 진리이고 팔정도는 진리로 가는 길이기 때문이다.

팔정도八正道는 정견正見(바른 견해) 정사유正思惟(바른 생각) 정어正語(바른 말) 정업正業(바른 행동) 정명正命(바른 생활) 정정진正精進(바른 정진) 정념正念(바른 집중) 정정正定(바른 선정) 이 여덟 가지이다.

① 정견正見:바른 견해

바른 견해는 치우침 없이 보는 것을 말한다. 그러려면 '나다. 너다. 옳다. 그르다.' 라는 고정관념을 내려놓아야 한다. 공자님은 "자기가 하기 싫은 일을 남에게도 시키지 말라."고 말씀하셨다. 이는 '나와 너'에 치우치지 않은 바른 견해를 지니라는 의미를 함축하고 있는 말씀이다.

아집我執은 자기에게 치우친 집착이므로 어리석음의 근본이 된다. 그래서 가장 먼저 아집을 버리는 것이 바른 견해를 세우는 기본이다.

'나는 잘났다.' 혹은 '나는 못났다.' 라는 생각은 어느 한 쪽으로 치우쳐 있으므로 이를 내려놓지 않는 한 바른 견해를 세울 수 없다.

그리고 한 쪽으로 치우친 생각에서 모든 괴로움이 시작된다. '잘났다'고 집착하면 교만해지고, '못났다'는 생각은 자기를 비하하게 한다. 그래서 이 두 가지 생각은 모두 중도의 이치에 어긋나고 괴로움의 원인이 되는 것이다.

앞에서 누누이 말씀드렸지만 몸과 마음은 알아차림의 도구이며 잠재의식에 저장된 프로그램에 따라 돌아가는 아바타이다.

그리고 잠재의식에 힘을 부어 주는 존재가 알아차림이며 이는 자타와 선악의 구분이 없다. 그리고 그 어디에도 치우침 없이 고요한 마음자리이고, 우주 탄생의 근본이며, 참나이다.

그런데 몸과 마음이 나라는 믿음으로 인해 전체와 분리된 내가 있다는 아집이 생겨났다. 그와 동시에 선과 악, 잘남과 못남 등 온갖 분별이 일어나 알아차림에 한계가 지어지고 견해가 왜곡된 것이다.

만약 근본자리가 고정되어 하나만 받아드린다면 단조롭

고 재미없는 세상이 창조될 것이다. 그리고 사람들도 모두 똑 같은 모습과 똑 같은 생각을 할 것이다. 그런데 자기하고 똑 같은 사람을 누가 만나고 싶겠으며, 단조로운 세상은 무슨 재미가 있겠는가?

 그러나 다행스럽게도 진리는 치우침이 없으므로 변화무쌍하다. 그래서 신비로운 우주가 생겨나 그 속에서 온갖 종류의 사람들과 생명체들이 함께 살 수 있게 되었다.

 악한 사람이 있기 때문에 선한 사람이 빛나고 또 미혹한 자가 점차 깨달아 성인이 되기도 한다. 한 마디로 말하자면 이 세상은 너무나 흥미로운 수행의 도량인 것이다.

 아쉽게도 사람들의 잠재의식은 치우친 생각들로 가득 차 있어서 우리가 바른 견해를 가지기 힘들게 되어 있다. 그래서 먼저 지금 자기가 하고 있는 생각이 한 쪽으로 치우쳐 있지 않는가를 살펴보아야 한다.

그리고 항상 다른 사람의 의견을 존중하고 객관적으로 세상을 보는 시각을 지니도록 노력해야 한다. 이러한 자세로 생활하다보면 점점 바른 견해를 지닐 수 있을 것이다.

그런데 만약 누군가가 항상 자기 생각만 옳고 남의 생각은 틀렸다고 고집한다면 이 사람의 견해는 한 쪽으로 기우러져 있다. 그래서 늘 잘못된 판단을 내리고 괴로움이 떠나질 않을 것이다.

그러나 진정으로 바른 견해는 알아차림에 머물 때 완성된다. 알아차림은 분별을 넘어선 자리이기 때문에 어떤 견해도 세우지 않는다. 그리고 이 견해 없음이 곧 바른 견해이며 분별이 아닌 직관임을 알아야 한다.

② **정사유**正思惟:**바른 생각**

이는 치우침 없는 생각이다. 자신 밖에 모르는 사람은 일이 잘못되면 항상 남에게 책임을 돌린다. 이런 사람은 성장할 수 없다. 왜냐하면 모든 책임을 남 탓으로 돌리면 자신을 돌아보고 잘못을 바로 잡을 수 없기 때문이다.

 우리는 가끔 "내로남불 즉 내가 하면 로맨스고 남이 하면 불륜"이라는 말을 듣는다. 이것이 자기중심적인 사람의 바르지 못한 생각이다.

 같은 행동을 해놓고 남에게는 잘못이라 비난하고, 자신은 정당하다고 말하면 타인의 분노에 불을 붙여 큰 고통에 시달리게 될 것이다. 이는 바른 생각을 하지 못한 결과이다. 그런데 속 좁은 사람은 자신의 처지를 억울하게 여길 뿐 자기 생각이 한쪽으로 치우쳐 있음을 알지 못한다.

 그래서 바른 생각을 하기 위해서는 먼저 자신과 남을 동등한 위치에 놓고 평등하게 바라보는 견해를 가져야 한다. 그러면 점차 성장하여 아집을 내려놓고 지혜로워질 것이다.

그리고 '잘남과 못남'에 대한 분별을 가지고 남과 비교하면 괴로워진다. 사람은 분별하여 시비를 가리지만 진리는 판단하지 않으며 모든 것을 평등하게 받아드린다. 이러한 이치를 알고 진리에 맞게 생각하는 것이 바른 생각이다.

 어떤 이는 "남과 비교하여 이기려는 생각이 없으면 남보다 뒤쳐지거나 가난할 수밖에 없다."라고 말한다. 그런데 이 말은 사실이 아니다. 만약 '나는 남보다 못났다.'라는 치우친 생각을 하면 그렇게 될 것이다. 하지만 여기서는 "평등하게 보라고 했지 남보다 못났다는 생각을 하라."고는 말하지는 않았다.

 남과 비교하지 않으면 실망할 일도, 두려움도 없기 때문에 자신이 원하는 일에 과감하게 도전할 수 있다. 그리고 일을 해내는 동력도 잃지 않는다. 또 조급해 하지 않으므로 실수가 없으며, 지속적인 성장을 해 나갈 수 있다.

 대부분 '나는 남보다 잘났다.' 또는 '나는 남보다 부자다.' 라는 교만심 하나 때문에 아랫사람을 무시하고 폭력을 휘두른 대가로 명예와 부를 순식간에 잃어버린 사람의 이야기를 몇 번은 들어보았을 것이다.

 평등이라는 것은 모든 사람이 부처지혜와 공덕을 갖추고 있으므로 "본래 부처"라는 말이다. 그래서 다 잘났고 다 부자이다. 그러므로 누구 앞에 서도 떳떳하고 또 그 누구도 무시하지 않는 것이 바로 평등이다.

 세상은 변하고 있고 고정된 것은 없다. 그런데 그 변화는 우리의 생각에 의해 좌우된다. 그래서 '언제나 잘 될 것이다.' 라는 긍정적인 생각을 해야 한다.

 그러나 결코 '나는 안 돼. 난 운이 없어.' 라고 생각하면 안 된다. 왜냐하면 긍정적으로 생각하면 행복한 일이 생기지만 부정적으로 생각하면 불행한 일이 생겨나기 때문이다.

어느 날 기자들이 아인슈타인에게 물었다. "선생님, 전구를 발명하기까지 이천 번의 실패를 하셨죠?" 아인슈타인이 답했다. "아닐세. 나는 전구가 만들어지지 않는 이유를 이천 가지 발견했네." 이 이야기에서 우리는 긍정적인 생각이 성공의 열쇠라는 것을 알 수 있을 것이다.

이처럼 진리를 이해하고 이치에 맞는 생각을 해야 한다. 그러면 성공은 멀지 않을 것이다. "실패는 성공의 어머니"라는 말이 있다. 이는 실패 속에는 반드시 성공의 법칙이 들어 있다는 뜻이다.

여기에서 우리는 실패는 좌절이 아니라 성공으로 가는 하나의 과정이며 또 작은 성공이라는 이치를 유추해 볼 수 있다.

이제 실패라는 단어는 멀리 내다 버리고 다시는 찾지 말자. 실패는 이것을 고치면 한 단계 성장한다는 진실을 알려 주는 고마운 친구이다.

그러므로 실패는 두려워할 대상이 아니다. 오히려 성공하기 위해선 반드시 끌어않고 가야할 큰 선물임을 알아야 한다. 마치 개울물을 건널 때 밟고 지나가는 돌다리와 같이 고마운 것이다.

③ 정어正語:바른 말

바른 말은 거짓말, 거친 말, 욕설, 이간질 등을 거꾸로 뒤집어 하는 말이다. 그렇다면 솔직한 말, 부드러운 말, 칭찬하는 말, 화합시키는 말이 될 것이다.

말은 생각을 표현한 것이고 모두 잠재의식에 저장되어 현실을 만드는 종자가 된다. 즉 "말이 씨가 된다."는 것이다. 그래서 부정적인 말을 하면 나쁜 결과가 오고 긍정적인 말을 하면 좋은 결과가 온다.

예를 들어 "나는 못해. 나의 한계는 여기까지야."라고 말하면 실패의 씨앗이 저장되고, "나는 할 수 있어. 나의 능

력은 한계가 없어."라고 말하면 성공하는 씨앗이 저장된다는 것이다.

그리고 남에게 한 말이 자기에게도 영향을 미치므로 결코 남을 비방해서는 안 된다. "남을 비방하면 그 비방이 머리를 돌려 자신의 가슴에 꽂힌다."는 선인의 말씀도 있다.

잠재의식은 선악뿐만 아니라 자타도 구분하지 않고 모든 행위를 다 받아드린다. 그 때문에 우리는 반드시 바른 말을 하는 습관을 들여야 한다. 그래야 복을 불러들일 수 있기 때문이다.

"고래도 칭찬하면 춤을 춘다."라는 말도 있듯이 긍정적인 말은 자신뿐만 아니라 남에게도 큰 도움이 된다. 그래서 항상 남을 편안하게 하는 말, 용기를 주는 말을 사용하는 것이 좋다.

또 "난 참 행복해. 난. 정말 운이 좋아."라는 말을 자주 하

자. 그리고 그 기분을 느껴보자. 이 말들 또한 잠재의식에 쌓여 풍요로운 현실을 만들어 내는 종자가 되기 때문이다.

그런데 만약 남에게 욕을 한다면, 싸움이 일어나거나 아니면 그 말에 상처 받은 상대방이 나중에 복수하려고 때를 기다릴 수도 있다. 그래서 결코 욕설을 해서는 안 된다. 조만간 그 욕설이 몇 배로 불어나서 자신을 칠 것이다.

다만 자신의 모든 행위가 저장되어 있는 잠재의식은 기억 중에서 세력이 가장 강한 것부터 현실이 된다. 그래서 그 결과가 당장 나타나지 않을 수도 있다.

이런 연유로 우리는 항상 긍정적인 말을 실천하여 아예 습관으로 만들어 버리는 것이 좋다. 왜냐하면 계속해서 하는 말과 행동은 잠재의식에서 점차 큰 세력으로 자리 잡아가기 때문이다.

알아차림인 진리는 언제나 긍정적이며 무엇이든지 부정

하는 법이 없다. 그래서 나쁜 말과 좋은 말을 구별하지 않고 똑 같이 힘을 실어준다. 그러므로 나쁜 말을 하는 사람에겐 나쁜 일이 일어나고, 좋은 말을 하는 사람에겐 좋은 일이 일어나게 되는 것이다. 이것이 평등한 진리의 법칙이다.

 항상 불평불만만 늘어놓는 사람 중에 "나는 진실을 말했지 부정적으로 말한 것이 아니다."라고 주장하는 이가 있다. 하지만 이 사람은 지금의 현실이 자신의 생각이 지어낸 것이고 또 말은 생각의 표현이라는 것을 모르고 있다.

 부정적인 생각이 괴로운 현실을 불러오는 것은 마치 "콩 심은데 콩이 나고, 팥 심은데 팥이 나는 것"과 같아서 자연의 법칙이다. 그러므로 바른 말을 사용하여 마음을 긍정적으로 바꾸어야 한다. 그러면 좋은 일들이 생겨날 것이다.

 이러한 이치를 모르는 사람은 자신의 부정적인 생각을 합리화하기 때문에 현실이 바뀌지 않는다. 그리고 늘 남 탓.

또는 환경 탓, 성격 탓만 하면서 불평불만 속에서 살아간다.

그러나 진실 즉 참 나인 알아차림은 생각을 넘어서 있으며 절대 긍정의 자리이다. 그래서 부정적인 말은 거짓이며 긍정적인 말이 진실이다. 불자들은 "중생이 본래 부처다."라는 말을 알고 있을 것이다.

내가 부처라면 이미 생사를 초월해 있고 전지전능한 존재이다. 그런데 어찌 부정적인 말이 진실이 될 수 있겠는가? 하지만 자기 생각만 믿는 사람은 부정적인 말을 진실이라고 여긴다.

그리고 말이 먼저이고 현실은 뒤에 나타난다. 비록 시간적인 차이는 있겠지만 좋은 말은 좋은 일을 끌어당기고, 나쁜 말은 나쁜 일을 끌어당긴다. 그러므로 좋은 사람을 만나서 복을 받고 싶으면 남을 비방하지 말고 칭찬과 감사하는 말을 사용해야 한다.

어떤 사람은 "좋은 점이 하나도 없는 사람에게도 칭찬을 해야 합니까?"라고 말할 수도 있다. 하지만 칭찬할 점이 전혀 보이지 않으면 가만히 입 다물고 있으면 된다.

그러나 사람들 중에는 칭찬에 너무 인색하여 박복한 경우가 많다. 그래서 누군가에게 좋은 점이 조금이라도 보일 때는 그 즉시 칭찬을 해주자. 그러면 점차 복이 쌓여갈 것이다.

바른 말은 마음을 다스리고 영적 성장을 하는데 가장 기본적인 요소이다. 그래서 불경을 독송할 때 맨 먼저 정구업진언淨口業眞言(구업을 맑히는 진언)부터 시작한다. 구업口業은 입으로 짓는 행위 즉 우리가 하는 말을 뜻한다.

정구업진언을 하는 것은 아득한 과거부터 지금까지 말로써 남에게 상처를 주거나 또 자신을 괴롭힌 적이 있으면 하나도 남김없이 참회하는 것이다. 그리고 다시는 나쁜 말을 쓰지 않고 바른 말만 하겠다고 다짐하는 것이다.

육조혜능스님은 "참회란 과거의 잘못을 뉘우치고, 다시는 되풀이 하지 않는 것"이라고 말씀하셨다. 우리가 계속해서 참회기도를 하는 것은 과거의 잘못을 뉘우치기는 해도 그 잘못을 다시 되풀이하기 때문이다.

 참회를 했는데도 그 잘못을 되풀이하는 것은 아직 과거에 지은 업이 소멸되지 않고 마음속에 남아 힘을 발휘하고 있다는 말이다. 그래서 꾸준히 참회기도를 하는 것이다.

 어떤 사람은 남에게는 항상 듣기 좋은 말을 하면서도 자신을 지나치게 낮추어 말하는 이가 있다. 이는 어떻게 보면 좋은 사람처럼 여겨질지 모르겠지만 결코 그렇지 않다. 왜냐하면 자신을 비하하는 말은 평등한 진리에서 어긋나기 때문이다. 그래서 이 말은 불행의 씨앗이 될 수밖에 없다.

 "겸손이 지나치면 실례가 된다."는 말이 있다. 그러니 적당한 정도로 겸손한 태도를 유지하는 것이 좋다. 그리고 "난 행복해. 다 잘할 수 있어."라고 자신에게 자주 말해 주

자. 그러면 행복해 하는 마음이 행복한 일을 끌어올 것이다.

여기에서 우리는 바른 말과 긍정적인 말을 하는 것이 마음을 다스리는 가장 쉽고 빠른 길이며, 성공과 행운을 부르는 열쇠이고, 소원을 이루는 기도이며 또 깨달음에 드는 문임을 살펴보았다.

④ 정업正業:바른 행동

업業(카르마)은 행위라고 하며, 사람이 하는 행위는 행동, 말, 생각 이 세 가지이다. 그래서 이를 삼업三業이라고 한다. 앞에서 생각과 말에 대해 설명했으므로 여기서는 행동에 관하여 이야기해 보겠다.

[천수경]에서는 세 가지 악한 행동에 대해 참회하고 있는데 도둑질, 살생, 사음을 말한다. 이 세 가지를 보시, 방생, 사랑으로 뒤집어 행하면 바른 행동이 된다. 하지만 넓게 보

면 보시 하나에 방생과 사랑이 다 포함되어 있다.

보시布施는 남에게 베풀어주는 것이며 그 방법에는 세 가지가 있다. 첫째는 재시財施인데 가난한 사람에게 재물을 베풀어 주는 것이다. 둘째는 무외시無畏施인데 불안해하는 사람을 위로하고 마음을 편안하게 해주는 것이다. 셋째는 법시法施인데 여러 가지 방법으로 진리를 전해 주는 것이다.

우리는 반드시 남을 도와주어야 하는데 그 이유는 주지 않으면 받을 수 없기 때문이다. 잠재의식에는 우리의 모든 행위가 빠짐없이 저장되어 이것이 현실로 나타난다.

그래서 나의 행복과 풍요와 건강과 깨달음을 위해 보시는 반드시 필요하다. 왜냐하면 보시는 남을 위해서 하는 것 같지만 실제로는 자신을 위해서 하는 것이기 때문이다. 특히 보시는 '아집 즉 자신이 남과 분리되어 있다는 집착'을 내려놓는 데 가장 좋은 수행이 된다.

진리에 맞는 바른 행동을 "집착 없는 보시"라고 하는데 이는 너와 내가 둘이 아닌 진리에 꼭 들어맞는 행위이기 때문이다. 그래서 "집착 없는 보시의 복덕이 헤아릴 수 없이 크다."라고 말한다.

그러나 만약 대가를 바라는 마음으로 보시하면 이는 이익을 위한 거래이지 순수한 베풂이 아니다. 그리고 나와 남이 둘이 아닌 진리에도 어긋나는 행동이다. 그러므로 이러한 보시는 자기를 고통스럽게 하고, 깨달음에서도 멀어지게 한다.

알아차림인 참 나는 우주의 본체이므로 이미 모든 것이 갖추어져 있다. 그래서 따로 얻을 것이 없지만 쓸 일이 생기면 언제든지 꺼내어 쓸 수도 있다. 그런데 많은 사람들이 '자신이 전체와 분리되어 있다.'는 아집으로 인해 가난뱅이 중생으로 전락해 버렸다.

여기에서 "집착 없이 보시를 하라."고 하는 것은 이 보시가 아집을 버리고 진리와 합일하는 가장 좋은 행위이기 때문에 하는 말이다.

그래서 경전에서는 "베푸는 나, 받는 상대방, 주는 물건을 보지 말고 보시하라."고 하며 이 세 가지에 집착이 없는 것을 "삼륜청정三輪淸淨"이라고 한다.

그런데 보시하는 것은 별로 어려운 일이 아니다. 일상생활 속에서 자신이 하는 생각, 말, 행동 전체가 다 보시가 될 수 있기 때문이다.

반갑게 인사하는 것, 칭찬하는 것, 감사하는 것, 긍정적인 말, 자주 웃는 것, 항상 즐겁게 사는 것, 남을 위해 기도하는 것 등 자신의 모든 행위가 다 남에게 영향을 미친다. 그래서 우리의 긍정적인 삶 하나하나가 다 보시에 해당한다.

집착 없는 보시는 너와 내가 둘이라는 분별을 버리고 하나가 되게 한다. 그래서 복덕과 진리에 드는 문을 열어주는 것이다. 왜냐하면 순수한 알아차림인 진리는 물질과 마음 그리고 너와 나를 넘어선 전체가 하나인 자리이기 때문이다.

나와 세상이 분리되어 있다는 믿음에서 탐욕과 분노 등 모든 부정적인 생각이 나온다. 그래서 이 믿음을 내려놓으면 자타가 둘이 아닌 진리의 세계에 들어가게 되며 남에게 베푸는 것이 곧 나에게 베푸는 것이 되는 것이다.

그래서 "집착 없는 보시가 우리를 가난과 고통과 어리석음에서 벗어나게 해주는 한량없는 복덕이 된다."라고 말한다.

"자식에게 생선을 물려주지 말고 고기 잡는 법을 가르쳐 주라."는 말이 있다. 이는 "자식에게 재물을 남겨 주지 말고 돈 버는 법을 가르쳐 주라."는 말이다. 왜냐하면 재물은 쓰고 나면 사라지지만 이치를 깨우친 지혜는 사라지지 않기 때문이다.

이와 마찬가지로 우리도 눈에 보이는 것에만 집착하지 말고 보이는 것 너머에 있는 진리를 깨우쳐야 한다. 그래야 고통 없는 영원한 행복을 찾을 수 있기 때문이다.

그리고 마음이 세상을 지어냈으므로 나와 세상은 하나이다. 왜냐하면 모든 것이 다 마음의 모습이기 때문이다.

이 이치를 깨달으면 저절로 도둑질이나 간음을 하지 않고, 남에게 베풀어 주려고 할 것이다. 왜냐하면 남을 괴롭히면 그 괴로움이 내게로 돌아오고, 즐겁게 해 주면 그 즐거움이 내게로 돌아오는 것은 너무나 당연한 인과의 법칙이기 때문이다.

⑤ 정명正命 : 바른 생활

바른 생활은 바른 습관과 바른 직업과 바른 취미를 가지는 것을 말한다.

이병철선생은 "새벽 4시에 일어나면 누구나 다 부자가 될 수 있다."라고 말씀하셨다. 이는 누구든지 바른 습관을 가지면 성공할 수 있다는 말이다. 여기에서 우리는 꼭 큰일을 해내지 않아도 작은 습관 하나가 성공의 열쇠가 된다는 것을 알 수 있다.

아침 두세 시간은 인생을 결정할 가장 소중한 시간이다. 왜냐하면 이 시간에는 머리가 매우 맑고 집중이 잘 되기 때문이다. 그러므로 나아갈 방향을 잘 설정하여 아침마다 꾸준히 실행하면 이루지 못할 목표는 없을 것이다.

습관은 반복하는 데서 형성되며 바른 습관을 들이기 위해서는 잡다한 관심을 끊고 자기가 원하는 하나에 집중하는 것이 중요하다.

만약 하고 싶은 일에 집중하기 어려울 때는 성공한 자신의 모습을 상상해 보자. 그리고 "나는 지금 원하는 삶을 살고 있는가?"라고 자신에게 질문을 던져보자. 또 원하는 것을 적어 놓고 매일 몇 번씩 읽으면서 성공한 자신의 기분을 느껴보자. 그러다보면 어느새 자신의 성공한 모습이 마음에 그려지고 그 그림이 완성되면 현실로 나타나게 될 것이다.

그런대 '나는 아직 성공하지 못했는데 왜 성공한 모습을 상상해야 하느냐?' 라고 의심할 수도 있다. 하지만 이는 잘못된 생각이다. 먼저 상상으로 만들어진 다음에 현실이 되기 때문이다. 지금 우리가 사는 현실도 마음이 그려낸 이미지 즉 상상의 결과물일 뿐임을 알아야 한다.

그리고 자기가 원하는 일을 할 수 있는 직업을 가지는 것이 중요하다. 만약 지금 하고 있는 일이 마음에 들지 않으면 하고 싶은 일을 찾아 도전해 보자.

세상은 넓고 할 일도 많으며 또 어떤 일이든 처음부터 잘하는 사람은 없다. 그러니 기술이 없어도, 방법을 몰라도, 원하는 일이 있으면 일단 시작하고 보자. 자신이 좋아하는 일을 하면 저절로 몰두하게 되므로 아주 빠르게 익힐 수 있을 것이다.

 대부분의 사람들은 직장에서 가장 많은 시간을 보내기 때문에 싫어하는 직업에 매여 있으면 행복할 수 없다. 하지만 현실적인 이유로 원하지 않는 일을 할 수밖에 없다면 참고 견뎌야 한다. 그래도 항상 자기가 하는 일이 '소중한 사람들에게 도움을 주고 있다'는 생각을 잊지 말자.

 그리고 비록 원하는 직업을 갖지 못했더라도 하고 싶은 일을 취미로라도 시작해 보는 것이 좋다. 그러면 미지의 세계에 눈이 떠지고 여러 가지 길이 보이게 될 것이다.

 길이 보이면 가벼운 마음으로 시작하자. 물론 실천하는 과정에서 몇 번의 어려움을 만나게 될 것이다. 하지만 이럴 때가 한 단계 상승할 기회임을 알고 계속 밀어 붙여야 한다. 그 고비를 몇 번 넘기고 나면 그대는 삶의 고수가 되고, 훌륭한 인격 또한 갖출 수 있게 되며, 자신이 원하는 삶을 살 수 있게 될 것이다.

 사람은 자기가 원하는 일을 할 때 큰 행복감을 느끼며 또 행복한 사람만이 남을 행복하게 해줄 수 있다. 그래서 먼저 자신부터 행복해져야 한다. 물론 진정한 행복은 자기에게 이미 갖추어져 있으므로 부정적인 생각만 내려놓으면 저절로 행복해 질 것이다.

 ⑥ 정정진正精進:바른 노력

 바른 노력이란 자신이 원하는 목표를 두고 꾸준히 실천하는 것을 말한다. 그리고 실천하기 위해서는 먼저 목표가 설정되어야 한다. 또 목표를 이루고자 하는 원력이 강하면 강할수록 정진의 힘은 배가 되겠지만 만약 원력이 없거나 약하다면 노력할 의지조차 일어나지 않을 것이다.

 대부분의 사람들이 몸과 마음이 자기 자신인 줄 알고 이를 만족시키기 위해서 노력하고 있다. 하지만 이는 바른 노력이 아니다. 왜냐하면 몸과 마음은 "진정한 나"가 아니기 때문이다.

많은 철학자들이 수많은 논리를 펼치고 나서 마지막 결론을 내리길 "너 자신을 알라." 혹은 "나는 누구인가?"를 탐구하라고 한다. 그리고 불교의 모든 경전이 다 참 나에 대한 설명이나 찾는 방법 등을 구체적으로 밝히고 있다. 이 말은 대부분의 사람들은 자신이 누구인지 모르고 살고 있다는 것을 알려 준다.

만약 몸과 생각하는 마음이 참 나라면 무엇 때문에 성인들이 "나는 누구인가?"를 찾으라고 했겠는가? 몸이 나라면 그냥 눈으로 보면 될 것이고, 생각으로 알 수 있는 것이라면 그냥 헤아리면 될 것이다. 하지만 진리는 형상이 없고 생각으로 알 수 있는 대상도 아니다.

그래서 생각은 수행 초기에 진리를 이해하고 방향을 찾으며, 원하는 것을 성취하는 도구로 사용하여야 한다. 그런

다음 생각을 내려놓고 무심이 되어야 참 나와 계합할 수 있을 것이다. 왜냐하면 참 나는 생각 너머에 있는 반야지혜이기 때문이다.

[금강경]에서 부처님은 "나의 설법은 뗏목과 같음을 알라."라고 말씀하셨다. 뗏목은 강을 건너는 도구이므로 강을 건너고 나면 놓아두고 떠나야 한다. 이와 마찬가지로 우리의 생각도 처음 진리를 알고 확고한 원을 세울 때까지 사용하는 것이다. 여기까지가 바른 생각이다. 그 다음부터는 생각을 내려놓고 무심으로 참 나에 합일해 들어가야 한다.

그런데 바른 이치를 이해할 때까지는 반드시 깨달은 이의 가르침에 의지하여 부단히 노력해야 한다. 진리를 확실히 이해했다면 이제 무심으로 계합해 들어가자. 세상일은 원하는 것만 생각하면 이루어질 것이다. 그러나 참 나는 얻을 대상이 아니므로 무심으로 돌아가야 체득할 수 있다.

이치를 모르고 자기 생각에만 의지해서 정진하는 것은

"마치 주소를 모르는 사람이 친구 집을 찾아 길을 떠나는 것"과 같다. 그래서 필경 엉뚱한 곳을 헤매며 고생만 하게 될 것이다.

바른 이치를 모르는 사람은 몸과 마음을 도구가 아니라 주인으로 삼는다. 그리고 이 둘을 만족시키려고 하다가 욕망과 집착의 그물에 걸려 괴로운 삶을 살게 된다.

그래서 먼저 성인의 가르침을 배워 이치를 알아야 한다. 그래야 올바른 방향을 설정하고 나아갈 수 있기 때문이다.

⑦ 정념正念:바른 집중

정념正念은 앞에서 말한 정사유正思惟와 같은 의미로 생각하기 쉽지만 정사유를 넘어선 단계이다. 정사유는 치우침 없는 바른 생각으로 살아가는 것이다. 하지만 정념은 진리를 생각하는 것이며, 외부세계가 아니라 내면을 보는 것이다.

많은 사람들이 외부세계에 초점을 맞추고 있지만 외부는 생각이 그려낸 이미지일 뿐 실체가 아니다. 우주만물의 실체는 생각이 일어나기 이전의 마음 즉 알아차림이기 때문이다. 그리고 이 알아차림을 인식하는 것이 내면 즉 진리를 보는 것이며 바로 정념正念이다.

다시 말하면 외부세계는 잠재의식이 지어낸 모습이다. 잠재의식에는 수많은 생각들이 저장되어 있는데 대부분 긍정보다 부정적인 생각이 훨씬 많다. 그래서 행복한 사람보다 불행한 사람이 더 많은 것이다.

그러나 참 나인 알아차림은 우주의 본체이다. 그리고 한 생각 일어나기 이전의 마음이며, 세상을 있는 그대로 보는 지혜이고, 사랑과 행복과 풍요가 갖추어져 있는 곳이다. 그래서 이 알아차림을 인식하면 부정적인 생각을 내려놓고 모든 괴로움에서 벗어나 행복해진다.

[능엄경]에서 나오는 이근원통耳根圓通 수행에 대해서 정리

해보면 "자기 소리를 듣고, 듣고 있는 자를 바라보는 수행을 통해 관세음보살이 되었다."라고 할 수 있다. 이를 반문反聞공부라고 한다. 곧 염불을 하면서 소리를 듣고, 듣고 있는 자를 돌이켜 보는 수행이다. 다시 말하면 알아차림을 알아차리는 것 즉 알아차림을 인식하는 수행인 것이다.

관세음보살은 "누구든지 내 이름을 부르는 이가 있으면 그 곳이 어디이건 가리지 않고 내가 다 찾아가서 고통에서 구제하리라."라는 원을 세웠다. 여기에서 우리는 관세음보살을 부르면서 그 소리를 들어야 한다는 것을 유추해볼 수 있다.

소리를 듣는 것은 알아차림이며 이 알아차림이 바로 관세음보살이고 참 나이다. 그리고 알아차림을 인식하는 것이 "나는 누구인가?"를 보는 것이다. 이 수행을 통해 우리는 모든 생각을 내려놓고, 고통에서 벗어나 영원한 행복에 머물게 된다. 여기에서 관세음보살은 밖에 있는 어떤 존재가 아니고 '참 나인 알아차림'이라는 이치를 이해해야 할 것이다.

 알아차림을 인식하는 것이 진정한 나를 보는 것이다. 그리고 알아차림은 생각에 매이지 않기 때문에 세상을 있는 그대로 볼 수 있다. 그래서 알아차림에 머무는 사람은 모든 대상은 전부 마음이 지어낸 허상임을 알고 집착을 버리고 자유로워진다.

 앞에서 알아차림을 인식하는 것을 정념正念이라고 하였다. 곧 걸을 때는 걷는 것을 알아차리고, 호흡할 때는 호흡을 알아차리며 또 생각할 때는 생각하고 있는 "이것이 무엇인가."를 알아차리는 것이 보편적으로 말하는 명상이며 정념이다.

 예를 들어 성인의 명호를 부르면서 염불을 할 때 그 소리를 듣고 있으면 망상이 없다. 이 때 우리는 알아차림 상태에 있는 것이다. 그러나 소리를 듣지 못하면 즉 알아차림을 놓치면 염불을 무의식적으로 하면서 망상에 빠져 있게 된다. 그리고 이 상태를 알아차리면 다시 염불소리를 듣고 있는 자신을 볼 수 있을 것이다.

그래서 망상에 관심을 두지 말고 의식적으로 염불소리를 들어야 한다. 의식적으로 염불소리를 듣는 이것이 바른 집중이며, 깨어있음 또는 알아차림을 인식하는 것이기 때문이다.

이근耳根 즉 귀를 도구로 삼아 소리를 듣고 있는 존재가 알아차림이다. 그리고 이 알아차림을 인식하는 것이 앞에서 말한 반문공부 즉 소리를 듣고 있는 자를 돌이켜보는 것이다.

성수큰스님은 "5분만 정신 차리면 누구든지 다 깨달을 수 있다."라고 말씀하셨다. 이 말씀은 염불소리를 의식적으로 5분만 들을 수 있다면 누구나 깨달을 수 있다는 뜻도 된다. 물론 호흡이나 화두를 관하는 것도 이와 같다.

그러나 호흡이나 염불 또는 명상에 집중하는 것은 아직 방편이다. 그리고 이 방편을 통해서 알아차림을 인식하는 것이 진정한 수행이다. 그러므로 수행의 방편은 수없이 많지만 본질은 오직 하나 즉 알아차림뿐임을 알아야 한다.

그런데 어떤 사람은 본질을 무시하고 방편에 집착하여 많은 부작용을 낳기도 한다. 그래서 명상을 하는 도중에 너무 힘들면 자신이 하고 있는 방법을 되돌아보아야 할 것이다. 혹시 본질을 무시하고 방편에 집착하고 있지 않는지를.

방편은 방편일 뿐이다. 그래서 명상을 많이 했다고 또 자신의 방법이 최고라고 교만해서는 안 된다. 왜냐하면 수행의 핵심은 알아차림이기 때문이다.

만약 호흡을 주시하는 명상을 한다면 이는 호흡을 수단으로 알아차림을 인식하는 것이다. 그리고 다른 모든 명상도 이치는 이와 같으므로 전부 알아차림으로 평등하다. 그래서 그냥 자기에게 맞는 방법 하나만 선택하면 되지 우열을

논해서 마음을 어지럽히지 말라.

  그런데 수행하는 사람 가운데 유독 아상이 높은 사람이 많다. 하지만 바르게 수행하면 아상이 사라져야 한다. 왜냐하면 아상을 내려놓은 것이 수행이기 때문이다.

  그런데 만약 남을 무시하고 자신은 마치 높은 경지에 오른 것처럼 말한다면 이는 진정한 수행자가 아님에 틀림없다.

  진리의 입장에서 보면 모든 사람이 다 평등하다. 그래서 자신이 뛰어나다고 말하는 사람은 수행을 잘 못하여 깨달음에 집착한 것이다. 이 이치는 [금강경]에서 "아난아! 만약 부처가 깨달음을 얻었다고 생각한다면 그는 부처도 아라한도 아니다."라고 하신 말씀에서 잘 나타나 있다.

  어떠한 방편도 진정한 나를 만나면 버려야 하는 것이다. 그러므로 방편에 집착하여 자신을 높이는 것은 진리에서 어긋날 수밖에 없다.

　알아차림인 진정한 나는 판단하지 않으므로 '잘났다. 못났다.' 라는 생각이 없다. 그래서 진정한 나를 만나면 지극히 고요하고 행복할 수 있는 것이다. 그러나 만약 "잘남과 못남"에 집착한다면 시비와 분별이 끊이지 않으므로 이 사람은 결코 마음이 청정할 수도 또 행복할 수도 없을 것이다.

　바른 집중인 정념正念은 내면을 보는 것이고 깨달음으로 가는 지름길이며 깨달음 그 자체이다. 다시 한 번 묻겠다. "만약 알아차림이 없다면 나와 우주는 어디에 있는가?"

　사람들은 대부분 무의식적으로 행동하고 있다. 하지만 우리는 의식적으로 행위를 해야 한다. 의식적으로 말하고, 행동하며, 생각하는 것이 깨어있음이고, 알아차림이며, 정념이기 때문이다. 이 이치를 이해하면 우리의 일상생활 전체가 명상이 될 수 있을 것이다.

⑧ 정정正定:바른 선정

생각 너머에 있는 참 나 즉 고요한 마음자리가 선정이다. 그래서 생각을 내려놓으면 저절로 드러나는 것이 선정이지 외부에서 얻을 수 있는 대상이 아니다.

텅 빈 마음자리는 알아차림인 지혜와 무한한 우주창조의 에너지와 평화와 행복이 가득한 곳이다. 그래서 선정에 들면 말로 표현할 수 없는 기쁨을 느끼게 된다.

파도가 잠든 맑고 고요한 호수의 물은 파랗게 빛나며 온갖 새들과 물고기들이 자유로이 노닌다. 그리고 청정한 호수는 마치 크고 둥근 거울과 같아서 세상의 모습을 있는 그대로 비춘다. 선정에 든 성자의 마음도 이 호수와 같아서 한없이 평화롭다.

어느 날 바람이 불어 호수에 큰 파도가 일어나자 온갖 새들이 다 날아가고 물고기는 무서워서 숨어 버린다. 그리고 파도치는 호수는 물마저 흐려져 세상의 모습을 제대로 비추지 못한다. 망상에 흔들리는 중생의 마음 또한 이 호수와 같아서 한없이 어지럽다.

 몸과 생각을 실체라고 믿는 사람은 마음이 고요해져 선정에 들려는 순간 '무심이 되면 나도 죽지 않을까?' 라는 공포심이 일어나서 선정에 들지 못하도록 방해를 할 것이다.

 이는 생각이 공포심을 유발시켜 자신을 지키려고 저항하는 것이다. 마치 꿈속에서 주인공이 죽지 않으려고 발버둥치는 것처럼.

 그래서 먼저 몸과 생각은 알아차림의 도구일 뿐 참 나가 아님을 이해하고 집착을 내려놓아야 한다. 도구가 낡거나 없어지면 새 도구로 바꾸면 된다. 이는 생각이 없어진다고 죽지 않으므로 걱정할 필요가 없다는 말이다.

 몸이 실재한다고 믿으면 세세생생 윤회하는 괴로움을 받

아야 한다. 우리는 생각을 믿음으로써 몸과 세상을 창조하였다. 그래서 자신과 세상은 생각이 만들어낸 허상이요 꿈이다. 그리고 이 꿈은 생각을 믿는 한 깨어날 수 없다. 여기에서 우리는 꿈속에서 윤회를 하고 있음을 분명히 이해할 수 있을 것이다.

 참 나인 고요한 호수에 바람이 불어 파도를 일으킨 것은 생각이다. 그래서 우리가 생각을 믿지 않을 때 즉 바람을 일으키지 않을 때 진리의 문이 열리고 참 나를 찾아가는 여법한 수행이 시작된다. 이 수행을 알아차림, 깨어있음, 관, 주시, 비파사나, 마음 챙김 등 여러 가지 명칭으로 부른다.

 그렇다고 알아차림을 통해 선정에 도달한다고 생각하면 또 하나의 대상을 찾는 오류를 범하게 된다. 알아차림 자체가 선정인데 어디서 선정을 찾을 것인가? 단지 생각만 믿지 않으면 저절로 고요해져서 이미 선정에 들어있는 자신을 알아차리게 될 것이다.

육조대사는 "정혜쌍수定慧雙修 즉 선정과 지혜를 함께 닦는다."라고 말씀하셨다. 이는 마음이 고요해져 선정에 들면 세상을 있는 그대로 비추는 지혜가 저절로 드러난다는 뜻이다.

그리고 호흡이나 염불을 하면서 호흡이나 염불을 하고 있음을 알아차릴 때 망상이 사라지고 마음이 고요해져서 선정에 든다. 여기에서 우리는 알아차림 속에 지혜와 선정이 함께 있음을 알 수 있을 것이다. 그래서 알아차림 명상을 "정혜쌍수定慧雙修(선정과 지혜를 함께 닦음)"라고 말한다.

명상을 하여 알아차림이 깊어져 선정에 들면 반야지혜가 드러난다. 그리고 선정은 실상반야, 지혜는 관조반야라고 하는데 이 둘은 하나의 반야이다. 마치 태양의 본체와 빛이 하나이듯이.

보통 사람들의 생각은 95%가 무의식적으로 일어나고 5%만 의식적으로 일어난다고 한다. 다행히 우리는 적게나마

의식을 사용하기 때문에 선택할 자유의지가 있다. 그러므로 이 자유의지를 사용해서 생각과 알아차림 중에 하나를 선택해야 한다.

만약 생각을 선택하면 한계가 지어져 괴로움에서 벗어나지 못할 것이다. 하지만 알아차림에 머물 수 있다면 당신은 생각의 한계에서 벗어나 바른 선정에 들어 영원한 행복을 누리게 될 것이다.

앞에서 말했듯이 알아차림이 선정과 지혜이고 행복이며 참 나이기 때문이다. 그래서 생각을 믿지 않으면 더 이상 의심이나 부정적인 마음이 일어나지 않고 모든 고통에서 벗어나게 된다.

그리고 의심이나 근심 걱정이 일어나지 않으면 원하는 하나만 생각하기 때문에 소원이 쉽게 이루어지고, 마음은 지극히 고요해 질 것이다.